Couverture inférieure manquante

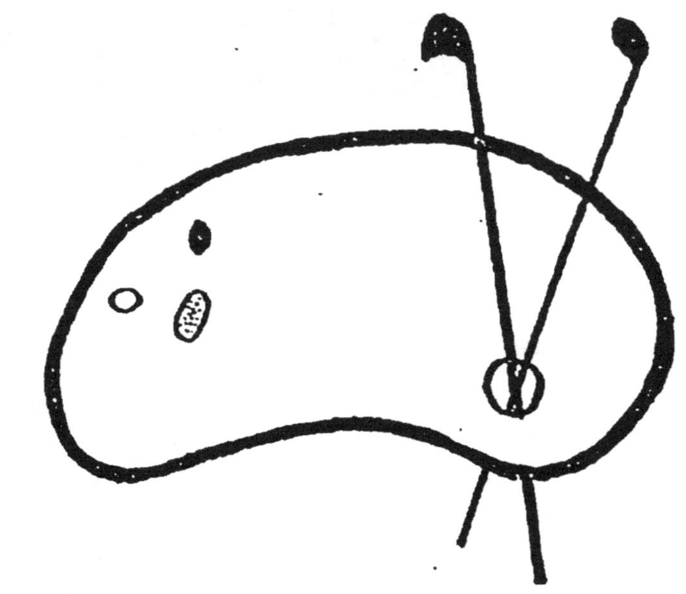

ORIGINAL EN COULEUR
NF Z 43-120-8

AU MAROC

*

Dans l'Intimité
du SULTAN

LIBRAIRIE UNIVERSELLE, 33, Rue de Provence, PARIS

Oj
195

DANS
L'INTIMITÉ
DU
SULTAN

M. GABRIEL VEYRE
Ingénieur de Sa Majesté Chérifienne.

GABRIEL VEYRE

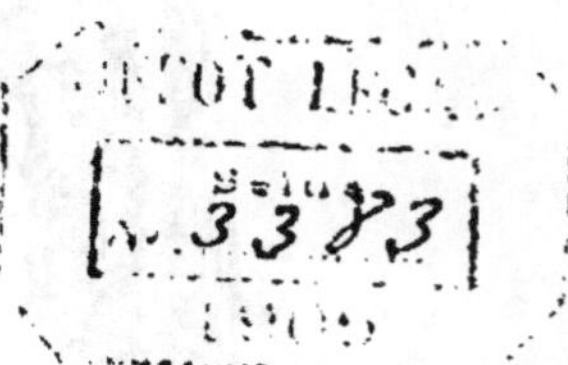

AU MAROC

Dans l'Intimité

du

SULTAN

LIBRAIRIE UNIVERSELLE
33, RUE DE PROVENCE, 33, PARIS

LE SULTAN A CHEVAL

Dans l'intimité du Sultan

Comment j'abordai au Maroc.

J'avais déjà pas mal couru le monde. J'avais connu ou approché plus d'un souverain et maints princes exotiques, du Mikado et du prince impérial, son fils, à l'empereur d'Annam, au roi du Cambodge et à leurs familles, sa.. parler de quelques présidents de républiques américaines, au Mexique, au Venezuela,... que sais-je?... Je me reposais aux bords du Rhône de tant de lointains voyages, lorsque j'appris qu'on cherchait un homme, un ingénieur à même d'enseigner tout d'abord au sultan du Maroc la photographie, dont il s'était épris, puis de l'initier, au

1

besoin, aux plus récentes découvertes modernes : derniers perfectionnements de l'électricité, téléphonie et télégraphie mêlées, cinématographe et phonographe, bicyclette et jusqu'à l'automobilisme, si la chose lui chantait.

Pourquoi pas moi? L'occasion était excellente de voir un pays nouveau, plus mystérieux et plus fermé encore que tous ceux que j'avais parcourus jusque-là, et d'étendre encore, par surcroît, mes belles relations. Ma candidature fut posée. On m'agréa. Je partis. C'était au commencement de 1901.

En ces temps bienheureux, une préoccupation, à la cour marocaine, primait toutes les autres : coûte que coûte amuser le Sultan. Ce but dominait, résumait toute la politique de l'omnipotent ministre de la guerre, Si Mehedi el Menebhy, qui, depuis la mort du vieux grand-vizir Ba Hamed, avait pris sur Abd el Aziz le plus complet ascendant et qui était alors à l'apogée de son étonnante fortune. L'Anglais Mac-Lean, le « caïd » Mac-Lean, si adroit, si souple, qui était entré de compagnie avec El Menebhy dans les bonnes grâces du jeune souverain, s'employait de tous ses efforts à seconder ces desseins, apportant à la tâche un bon vouloir jamais las, une complaisance ingénieuse qui allaient lui conquérir absolument et l'amitié d'El Menebhy et la faveur impériale.

Le Sultan s'était éveillé un matin avec le désir de peindre, fantaisie peut-être d'adolescent rêvant de fixer sur la toile l'image de la favorite du jour. Mac-Lean s'occupa donc de lui chercher un professeur et écrivit, comme de raison, en Angleterre. Mais les négociations prirent du temps, et le Sultan n'aimait guère à attendre. Il fallut chercher plus près. On eut la bonne fortune de mettre la main sur un peintre américain qui travaillait depuis quelque temps à Tanger, M. Schneider. Faute d'un Anglais pur sang, le caïd l'appela : c'était encore un Anglo-Saxon.

Cependant, le Sultan dut avoir avec la peinture des déceptions. Je les ai connues depuis par le menu et les raconterai. Ce procédé de reproduction des traits aimés, des choses du monde, lui apparut difficile et lent. On lui montra des photographies, on lui en expliqua le mystère. Il voulut désormais faire de la photographie. Mac Lean, derechef, écrivit à Londres. Et le Sultan, de nouveau, s'énerva dans l'attente.

On le sut hors du palais, hors de Marrakech, jusqu'à Tanger. C'est alors que je fus avisé, pressenti, accepté, et j'accourus.

Quel voyage! Je souris encore d'y songer.

Mon embarquement à Marseille avait été télégraphié à la cour chérifienne. Et quand je connus, plus tard, le jeune Sultan Abd el Aziz, la soudaineté de ses caprices, l'ardeur impérieuse qu'il apportait lui-même et l'empressement qu'on mettait autour de lui à les satisfaire, je me rendis compte de l'impatience avec laquelle ma venue pouvait être espérée à Marrakech.

Depuis trois mois déjà on y attendait « le pho-

tographe », l'Anglais qu'avait mandé Mac Lean.
En débarquant à Mazagan, je trouvai là, si je
puis dire, « ma maison » aux ordres : dix soldats
d'escorte, un cuisinier, un interprète, des tentes,
les chariots pour les bagages, tout le matériel du
voyage, enfin.

Sans tarder, je me mis en route pour Marrakech. Mais la nervosité du Sultan était telle que
chaque jour, à chaque étape, deux ou trois fois
la journée, même, un soldat envoyé à ma rencontre venait me dire de me dépêcher, au point
qu'en arrivant, après quarante heures de voyage,
sur lesquelles j'en avais passé trente-six à cheval, j'étais à la tête d'une escorte de vingt-cinq
guerriers plus ou moins bien armés.

Pour le moment, je n'avais guère qu'un rêve.
Harassé par cette course folle, je n'aspirais qu'à
me reposer un moment, si court fût-il, dans le
logis, d'ailleurs relativement confortable, qu'on
avait préparé pour me recevoir. Mais j'avais
trop compté sans mon hôte. Un soldat arrivait

chez moi sur mes talons; puis deux, puis trois. Ma cour en fut pleine, ma porte assiégée: « Le Sultan t'appelle», disait chacun d'eux en entrant. Et il restait là, de planton, pour remporter la réponse. En un clin d'œil ils étaient vingt.

Mon interprète, qui connaissait et le caractère d'Abd el Aziz et les devoirs qu'imposait l'étiquette, ne put me donner qu'un conseil, qui était de courir sans tarder au palais, au débotté, même en habits de voyage, encore qu'on m'eût fait aviser que, sans doute, le Sultan m'imposerait le port du costume arabe; il me dit de me montrer, au moins, coûte que coûte, un moment, afin d'avoir la paix. Après quoi, je pourrais me reposer tranquillement... jusqu'au lendemain. Je me confiai à cet homme expérimenté, et le suivis, couvert encore de la poussière des pistes en plein désert.

Un négrillon qui nous guettait à la porte du palais s'empressa d'aller avertir Abd el Aziz que

« l'ingénieur était là », puis s'en revint en hâte me chercher.

On m'introduisit dans la cour où le Sultan donnait ses audiences, et qui, recouverte en partie d'une tente bariolée, servait entre temps de salle de billard.

Tout de blanc vêtu, blanc de la tête aux pieds, à l'exception des babouches jaune citron et du mince liséré qui apparaissait, de son fez rouge enfoncé sur les sourcils, au-dessous du capuce rabattu de sa *djellaba* de fine laine, il était assis sous la véranda vitrée qui en occupait le fond, sans apparat, n'ayant à ses côtés qu'un seul homme : El Menebhy, son ministre de la guerre, son familier de toutes les heures.

Je m'avançai, faisant trois fois le salut militaire, la main au front. Puis j'attendis.

Rarement j'éprouvai, au premier abord, une impression de sympathie comparable à celle que je reçus en présence du jeune Sultan qui m'apparaissait dans cet appareil si simple, si différent de l'idée que je m'en étais formée en venant vers lui.

Il avait alors vingt ans à peine. Grand, bien proportionné, imberbe encore, le teint clair, les yeux noirs, le regard puéril et très doux, il me produisit l'effet d'un bon grand enfant curieux.

Bien vite il me questionna, avec le secours de l'interprète, me fit demander mon nom, mon âge, quelques détails sur ma vie, et si j'étais marié, notamment. Il avait déjà quelques notions vagues de la photographie et se préoccupait de savoir quels appareils, quelles nouveautés, quels jouets allais-je dire, je lui apportais. Puis il s'informa des conditions dans lesquelles s'était accompli mon voyage.

Moi, souriant, hésitant un peu, craignant de déplaire, peut-être, au despote qu'on m'avait dépeint, je lui fis répondre que, pour le satisfaire, j'étais venu très rapidement, brûlant les étapes; je confessai que j'étais très fatigué et, timidement, laissai comprendre que je serais heureux de jouir de quelques heures de repos. Mais, avec une bienveillance à laquelle je fus, à ce moment, particulièrement sensible, imposant silence à ses impatiences, que je connaissais de reste, il voulut bien me dire que je pouvais me reposer toute la journée du lendemain, mais que, par exemple, il m'attendait le surlendemain sans faute.

J'allais me retirer, quand je me rappelai cette indication, qu'on m'avait donnée en venant, qu'il serait peut-être séant, et en tout cas de bonne courtisanerie, de revêtir à l'avenir le costume arabe. Je priai l'interprète de demander au Sultan quels étaient à cet égard ses désirs :

— Conserve ton costume européen. Je veux que les Marocains s'habituent à le voir.

Ainsi, tout en tranchant un point d'étiquette de cour, Abd el Aziz affirmait son tempérament réformateur, attestait, avant la lettre, ses dispositions favorables à la « pénétration pacifique ». Il avait déjà donné plus d'une preuve de bonne volonté sur ce chapitre. Il ne devait pas tarder, même, à en souffrir.

Je m'imaginai volontiers que ce jour de congé qu'il m'avait accordé, que ce jour d'attente qu'il s'était gentiment imposé avait dû paraître long à Abd el Aziz, habitué à voir sur-le-champ satisfaits ses caprices les plus inattendus. Et, le surlendemain de mon arrivée précipitée, j'étais au palais à la première heure.

Mes bagages, ceux du moins qui devaient me servir pour mes travaux futurs, mes appareils, tout mon matériel photographique m'y avaient précédé, rejoignant là, au milieu d'une cour, le lot le plus extraordinaire de fournitures que j'aie jamais vu.

Lorsque l'envie était venue au Sultan de faire de la photographie, on avait, en même temps qu'on se mettait en quête d'un professeur, détaché à Paris un fonctionnaire de la cour chargé de rapporter, entre autres choses, tout ce qui était

nécessaire pour monter un atelier complet, avec
l'ordre exprès de choisir ce qu'il y aurait de
mieux. Il avait couru, un peu sans doute au
petit bonheur, les magasins et s'en était revenu
avec deux cent mille francs, peut-être, d'emplet-
tes, rien que pour ce seul « rayon ».

C'était un entassement énorme, babélique, et
dont le contenu, quand plus tard je fus appelé
à en faire l'inventaire, me stupéfia. Il y avait là
des appareils de toutes marques, de toutes formes, de toutes dimensions, depuis les minus-
cules vérascopes et les kodaks de poche jusqu'à
une chambre noire d'atelier 80 × 110, tout cela
muni d'objectifs supérieurs et coûteux; des plaques, pour ces différents formats, plus de dix
mille douzaines, des cuvettes, des flacons, des
produits innombrables, de quoi monter, enfin,
un magasin bien approvisionné. Ah! le photo-
graphe anglais pouvait venir! Seulement comme
il tardait, je l'ai dit, et qu'on ne savait au juste
à quel endroit il lui plairait de faire édifier son

atelier, on avait mis cette cargaison en pile, sans s'occuper autrement de l'abriter. Elle demeurait en plein vent, abandonnée au soleil, à la pluie, à toutes les intempéries, aux jeux des mouflons familiers du palais qui, retrouvant dans cet amas peu à peu éboulé comme une réduction des montagnes natales, y venaient folâtrer en paix, des bandes de petits suivant les mères en gambadant, pour exercer à l'escalade leurs jambes grêles. Tout fut perdu ou à peu près.

Cependant, on s'était enquis de savoir en quel coin il me plaisait de faire aménager mon atelier, et j'avais désigné à la hâte un angle de la « cour des Amusements » qui me paraissait convenablement situé; car il fallait que les travaux fussent terminés le soir même, le Sultan étant résolu à ne pas attendre plus longtemps de me voir à l'œuvre.

Tout aussitôt, comme une horde, portant des planches, des briques, des carreaux de faïence, des outils, courant, se bousculant, se précipitant, des ouvriers se ruaient vers l'emplacement indiqué. Ils furent jusqu'à deux cents, sciant, maçonnant, scellant, clouant, pressés, harcelés par les contremaîtres. Au soleil couchant, en présence du Sultan ravi, dans ce laboratoire sorti de terre comme les kiosques enchantés des *Mille et une Nuits*, je développais les clichés pris en cours de voyage. Et voilà au moins, me disais-je, un pays où les choses ne traînent pas! J'eus l'occasion, hélas! depuis lors, de constater plus d'une exception à cette manière de procéder.

Ce même jour, j'avais eu la bonne fortune de faire la connaissance de l'un des hommes les plus en vue, les plus jalousés, et aussi l'un des plus intéressants de l'entourage du Sultan, du caïd Mac-Lean; et tout de suite, à l'empressement avec lequel il s'était mis à mon entière disposition, simplement, galamment, en toute sincérité, je le sentais, je pus apprécier cette courtoisie, cette aimable obligeance qui ne se sont jamais démenties un seul moment à mon endroit,

et qui ont conquis là-bas à sir Henry Mac-Lean
tant de franches sympathies. J'aurai d'ailleurs
l'occasion de vous présenter plus complètement
le Caïd. Je tenais à lui rendre en passant ce bref
hommage, auquel, bien évidemment, s'asso-
cieront tous ceux qui l'ont approché, à la cour
marocaine.

Bien vite, grâce aux sympathies que je ren-
contrai autour de moi, j'eus pris pied dans le
milieu où j'avais été si brusquement transplanté.

J'aimais la besogne qui m'était dévolue; mes
attributions étaient nettement délimitées. Je
n'avais d'autre ambition que de remplir en paix
ma mission, à l'écart des intrigues, et puis de
repartir..., dans trois, six mois?...

Si l'on m'avait dit alors que je demeurerais,
pour commencer, quatre ans au Maroc, y vivant
dans l'intimité du Sultan, je n'en aurais rien cru.
Si l'on avait ajouté que j'en viendrais, par la force
des choses, à me préoccuper de politique, et à en
parler, et même à en écrire un peu, j'aurais bien ri.

Pendant quatre années, donc, à Marrakech
d'abord, puis à Fez, j'ai vécu près du Sultan, le
voyant quotidiennement, l'instruisant de mon
mieux des choses qu'il manifestait le désir de
connaître, partageant ses plaisirs, témoin parfois
de ses soucis, mêlé à son entourage le plus familier. J'avais si peu alors pour objectif une
ambition littéraire, même vague, qu'à aucun
moment je ne tins de « journal », et que, pour pré-
ciser mes souvenirs sur quelques points, j'ai dû
feuilleter, avant d'écrire ces pages, tout un lot de
lettres adressées de Marrakech et de Fez à mes
proches, à des amis, conversations très libres au
courant de la plume. On m'a assuré que les souvenirs personnels ainsi recueillis par moi, grâce
à la situation tout exceptionnelle et privilégiée
que j'occupais là-bas, sur la cour chérifienne,
le jeune Sultan, ses intimes, aussi bien que les
renseignements précis sur quelques événements
antérieurs à mon arrivée au Maroc qui me furent
donnés souvent par des personnes qui y avaient

été mêlées ou les avaient suivis de près, tout cela pouvait, dans les circonstances actuelles, offrir un certain intérêt. C'est un résumé de tout ce que j'ai vu et appris là-bas que je publie ici, au moment où tout ce qui touche au Maroc arrive au premier plan de l'actualité. Ce sont des personnages que j'ai connus que je vais présenter, tour à tour, non toujours dans leur rôle extérieur et décoratif, en des attitudes de portraits héroïques, mais tels qu'ils m'apparurent, au jour le jour, dans des poses souvent banales; dans la vie, enfin.

UNE SORTIE DU SULTAN

Les commencements d'un règne.

Mouley Abd el Aziz, auprès de qui les hasards d'une destinée aventureuse m'avaient appelé à vivre, était le cinquième des six fils du sultan Mouley Hassan. Sa mère, Lalla Rekia, était une Circassienne qui eut la réputation d'être fort belle et dont le sultan Hassan, dans les dernières années de sa vie, était passionnément amoureux. Aussi, quand elle lui donna ce fils, le premier qu'il eût d'elle, il voulut qu'on nommât l'enfant Abd el Aziz : le Fils de l'Esclave chérie.

La succession au trône du Maroc ne s'effectue pas nécessairement par ordre de primogéniture : ni la loi du Prophète, ni les coutumes ne l'exigent. Le Sultan désigne lui-même, avant de mourir, son successeur, et la seule condition qui lui soit imposée, la seule restriction apportée à son choix, c'est que son héritier doit être un *Chérif*, c'est-à-dire un descendant authentique du Prophète. Cette condition remplie, l'empire est à celui auquel il a donné la *baracca*, la suprême bénédiction.

Mouley Hassan eût-il, quelque ascendant qu'exerçât sur lui Lalla Rekia, mère du jeune prince, choisi Abd el Aziz de préférence à tous ses autres fils? Qui le pourrait savoir?

Le Sultan guerroyait, en 1894, contre une tribu révoltée, incident assez banal au Maroc, quand le surprit brusquement un mal qui allait le terrasser en quelques heures. Comme il est d'usage, son gouvernement tout entier, le Makhzen, le suivait dans son expédition.

Or, son grand vizir, Ba Hamed, était un homme à l'ambition active et jamais repue, et si prêt à tout pour la satisfaire qu'on ne sait trop guère, quand un accident complice le touche de si près, où doit s'arrêter le soupçon. Le moins qu'on

puisse dire, c'est que devant cette mort brutale,
sa première, son unique pensée fut de profiter
de l'événement fortuit pour conserver, accroître
encore, s'il en avait le moyen, sous le maître à
venir, la puissance déjà considérable dont il jouis-
sait depuis longtemps sous le sultan Hassan, peu
facile, pourtant, à dominer. Et, en présence du
cadavre encore tiède, un plan qui ne manquait
pas de quelque allure germa dans son esprit, à
supposer qu'il n'y sommeillât pas déjà : exclure
du trône les quatre fils aînés du défunt Empereur pour y appeler l'enfant de quatorze ans
qu'était alors Abd el Aziz, et ainsi, sous son nom,
régner, en fait, paisiblement jusqu'à sa majorité,
à tout le moins.

Toutefois, la soudaineté même de la disparition
de Hassan semble avoir pris Ba Hamed un peu
au dépourvu.

Il apporta à corriger cette erreur du sort,
si c'en était une, et non pas une habileté raffinée,
une vigueur de décision, une rapidité d'action

qui légitimaient, en quelque sorte, le succès de son intrigue.

Abd 'el Aziz était à Rabbat lorsque son père rendit le dernier souffle. Il s'agissait de garder cette mort assez longtemps secrète pour permettre au jeune prince, qu'on était allé quérir en toute hâte, d'accourir avant que le fatal dénoûment fût connu; il fallait tenir en haleine le camp, où le bruit de la maladie du Sultan s'était répandu déjà, jusqu'au moment où l'enfant serait arrivé, et rendre ainsi vraisemblable, enfin, la version que le Sultan lui-même, se sentant près de sa fin, avait envoyé chercher son fils de prédilection pour recevoir sa *baracca*. Machiavel n'eût pas méprisé cette conception.

Mais la réalisation ne laissait pas d'en être délicate. Que la vérité transpirât, c'en était fait du plan de Ba Hamed. Une rumeur vague, même, circulant parmi les soldats, pouvait tout compromettre. A Fez, aujourd'hui, et j'en eus plus d'une fois l'exemple, il suffit que le Sultan, qu'on a vu l'avant-veille souriant et dispos, soit deux ou trois jours sans paraître pour qu'aussitôt circule le bruit de sa mort. Or, l'armée entière savait que la santé de Mouley Hassan était depuis quelques jours chancelante. La nouvelle en pouvait parvenir prématurément à Fez, où résidait Mouley Mohammed, surnommé le Borgne, fils aîné du feu Sultan et son héritier présomptif, et tout était remis en question.

C'est alors que, pour parer à ce danger menaçant, Ba Hamed eut recours à un funèbre stratagème.

Au nom de l'Empereur, il convoqua l'armée pour une revue ; mais, prétextant la maladie de Mouley Hassan, il fit annoncer que le Sultan parcourrait en litière le front des troupes.

On prit donc ce cadavre, qui achevait à peine de se refroidir, et, bien assuré de la complicité de l'entourage immédiat du souverain défunt, gagné par des promesses ou par des menaces, on le farda, on l'apprêta, on le revêtit de ses blan-

ches draperies. Puis on le ficela dans sa litière,
parmi d'épais coussins, et, d'un bout à l'autre de
la longue file des troupes alignées, on le pro-
mena ainsi, oscillant lamentablement, manne-
quin sinistre, ballotté au pas cadencé des esclaves qui le portaient. Voilà qui dépasse de haut,
j'espère, en horreur tragique, les circonstances
qui accompagnèrent l'accession à la pourpre d'un
Néron !

Personne ne s'aperçut ou ne voulut s'apercevoir de cette macabre supercherie. Et, l'inerte
figurant ramené sous sa tente, le fils de Lalla
Rekia eut tout le temps d'arriver, pendant que la
mahalla entière faisait encore des vœux pour le
rétablissement de la santé de *Sidna*, de son Seigneur.

Deux jours après, Abd el Aziz, acclamé par
l'armée comme Chérif et successeur du Sultan
Mouley Hassan, la passait à son tour en revue,
suivi, comme par son ombre, par le tout-puissant Ba Hamed, dont l'impérieuse autorité l'avait

créé Majesté Chérifienne, et aux mains duquel il allait être, pendant six années, comme un jouet, comme une marionnette obéissante et sans volonté.

Cependant, à Fez, Mouley Mohammed avait appris bien vite la mort de son père, et avant de connaître, peut-être, les évén..ments qui l'avaient suivie et la proclamation de son jeune frère, ou bien résolu à les ignorer, il avait immédiatement affirmé son droit à la succession de Mouley Hassan.

Énergique jusqu'à la cruauté, vrai type de ces sultans coupeurs de têtes dont la tyrannie sanguinaire imposait par la force le respect de leur puissance, avec son masque farouche, ravagé par la variole et tout grêlé, où ne luit plus qu'un seul œil, Mohammed était bien, au surplus, le digne héritier de Mouley Hassan. Très aimé, d'ailleurs, et ayant réuni autour de lui un certain nombre d'amis fidèles et prêts à tous les dévouements, il avait les moyens d'appuyer ses revendications.

Mais c'est précisément cette vigueur de caractère, cette popularité naissante qui avaient inquiété Ba Hamed. Et le vieux renard avait pris savamment ses mesures. Avant qu'un mouvement sérieux eût le temps de se dessiner en faveur du prétendant tout à coup dressé contre son projet, le grand-vizir faisait enlever Mohammed et l'emprisonnait à Mequinez.

Il y devait demeurer jusqu'en 1903, jusqu'au moment où un autre compétiteur inattendu, le *Rougui* Bou Hamara, soulevait les tribus contre l'autorité d'Abd el Aziz, en se donnant comme son frère aîné, et déchaînait, dans une bonne partie du Maroc, cette révolte dont le souvenir est encore présent à toutes les mémoires et qui n'est momentanément qu'assoupie, sans doute. Alors, pour détruire la légende qui commençait à se former autour de ce nouveau prétendant, Abd el Aziz fit enlever de Mequinez son frère captif. On l'amena à Fez, où on lui rendit une liberté relative. Pendant quelques jours on put le voir

circuler à sa guise à travers la capitale fanatique.
Il y retrouva les chaudes sympathies d'antan,
une popularité qui, dans les temps critiques
qu'on traversait, n'était pas pour rassurer le Sultan. Mohammed le Borgne fut bien vite enfermé
de nouveau, rendu à ses geôliers, ses amis avi-
sés de se tenir tranquilles. Aussi bien, le but
qu'on avait visé en montrant au peuple de Fez
son impressionnante figure fut atteint : Bou Hamara et lui étaient deux hommes distincts.

Donc, le grand vizir conserva comme il l'avait
rêvé, plus solide, plus tyrannique encore, sous
Abd el Aziz, le pouvoir dont il avait joui sous
Mouley Hassan. Et, continuant jalousement la
politique du précédent Sultan, il s'appliqua toujours à tenir le Maroc obstinément fermé à toute
ingérence étrangère, à toute intrusion de l'Europe,
surtout, percevant les impôts à coup d'expéditions incessantes, et, tout comme son ancien
maître, guerroyant sans trêve contre les tribus
insoumises ou hésitantes en leur fidélité.

De 1894 à 1900, ce fut ainsi. Ba Hamed, aux affaires depuis longtemps, et connaissant à fond la politique marocaine, fut pendant ces six années un vrai régent dont rien ne contrecarrait les volontés. Le jeune Sultan, systématiquement tenu à l'écart, vivait, oisif, au fond de son palais, exhibé seulement au moment des fêtes traditionnelles où il doit se montrer à son peuple, laissé dans l'ignorance absolue de toutes les choses du gouvernement.

Quand, d'aventure, quelque ambassade arrivait à la cour chérifienne, on l'amenait, suivant le cérémonial ancien, devant Abd el Aziz. On avait fait apprendre à celui-ci un bref discours de bienvenue, banal et terne, et qu'il devait réciter sans en changer un mot. Après quoi, il regagnait ses appartements, revenait à ses jeux, à ses femmes, à son ennui.

La mort seule de Ba Hamed devait le libérer de cette tutelle déprimante; mais, en même temps, elle allait porter au pouvoir un homme dont la physionomie est l'une des plus curieuses, des plus attachantes de l'histoire du Maroc; dont le rôle fut un moment considérable, et, sans doute, n'est pas terminé encore, Si Mehedi El Menebhy, et avec lui, derrière lui, le Caïd Mac Lean, les deux premiers personnages que j'avais justement entrevus aux côtés du Sultan, les deux premiers aussi que je vais vous présenter.

El Menebhy, ministre de la guerre.

Pendant les quelques mois qui précédèrent la mort de Ba Hamed, on voyait souvent, au palais de Marrakech, aller et venir l'un de ses secrétaires, un homme jeune encore, de physionomie fine, avec d'étranges yeux luisants, des yeux de jeune fauve ou de bon chien de berger. C'était Si Mehedi el Menebhy.

Il était l'intermédiaire habituel entre le tout-puissant grand vizir et son fantôme de maître. C'était lui qui apportait quotidiennement les lettres, les papiers, les documents, les remettait aux esclaves, sollicitait les signatures, rapportait les réponses. De temps à autre, pour quelque explication verbale, *Sidna*, le Seigneur, daignait le recevoir, lui parlait. Il s'habitua à cette physionomie intelligente et franche, à ce regard droit. Si Mehedi plut. Ce fut le commencement de sa fortune.

Enfant, perdu dans la masse, de la tribu des Menabha, il avait eu des débuts obscurs. D'abord *mokhazni*, soldat du Makhzen, levé à l'occasion d'une expédition quelconque, peu instruit, et sachant seulement lire et écrire, à peine, il était arrivé, je ne sais trop comment, dans la maison de Ba Hamed, et, là, avait commencé de se former. Osa-t-il rêver, dès lors, les destins brillants qui l'attendaient, et sa carrière mouvementée, partagée entre la faveur la plus complète et la disgrâce imméritée? C'est assez improbable. Un hasard, presque, un accident de tous les jours, la mort de Ba Hamed, allait décider de sa vie à lui.

Aussitôt que le grand vizir fut trépassé, ce fut, presque tout naturellement, El Menebhy qu'on chargea d'aller annoncer la nouvelle au Sultan, puisqu'aussi bien il avait au palais ses entrées franches.

Pour prévue qu'elle dût être à une échéance plus ou moins rapprochée, la disparition d'un homme qui avait joué dans le Makhzen un rôle comme celui qu'y tenait Ba Hamed pouvait avoir des conséquences graves, être le signal de quelque sédition nouvelle. On conçoit l'affolement, le désarroi d'Abd el Aziz en l'apprenant.

Le jeune Sultan, tenu en lisière par le terrible homme qui venait de partir, systématiquement laissé dans l'ignorance de tout ce qui touchait à la politique, à l'administration de son empire, n'était en rien préparé à l'exercice d'un pouvoir quelconque. Jamais, peut-être, il n'avait envisagé cette éventualité qu'une part, si minime fût-elle, d'action et de responsabilité pouvait lui échoir un jour ou l'autre. Et ce n'était pas El Menebhy qui était à même de le guider, de l'éclairer sur ses devoirs. Confiné dans un emploi subalterne d'écrivain et de courrier, lui non plus n'avait suivi que de loin le fonctionnement de la machine gouvernementale rudimentaire par quoi est régi le Maroc. Ce fut cependant à lui que le Sultan demanda le premier avis :

— Que faire? questionna-t-il.

— Passe en revue les troupes.

Et ce n'était pas seulement l'ancien soldat, amateur de parades et de démonstrations martiales et laissant tomber un vague conseil plutôt que de demeurer coi, qui parlait ainsi : c'était un homme avisé, plein de sens et qui savait bien que cette revue allait permettre à l'Empereur de se rendre compte excellemment des dispositions de l'armée et de ses chefs à son endroit. Si Mehedi se mit d'ailleurs à l'entière disposition de son maître pour préparer tout. Il ne manquait pas d'entregent, et les occasions seules lui avaient fait défaut pour le prouver.

Il s'arrangea pour tenir aussi secrète que possible la mort de Ba Hamed, comme avait fait celui-ci pour Mouley Hassan. Seulement, pour

LE MINISTRE DE LA GUERRE

SI MEHEDI EL MENEBHY

Il porte à gauche le poignard arabe et à droite le Coran — livre sacré —
enveloppé dans un étui de maroquin rouge brodé d'or.

la première fois, le lendemain, le jeune Sultan
arriva devant ses soldats tout seul au milieu de
son escorte et sans que l'ombre de son despo-
tique grand vizir vînt doubler sur le sable son
ombre. Tout alla à souhait, et la cérémonie
s'acheva le plus tranquillement du monde, quoi-
qu'il fût évident que la grande nouvelle eût
transpiré un peu, malgré tous les efforts. Toutefois, pour plus de sécurité, El Menebhy, d'accord
avec Abd el Aziz, tout heureux d'avoir retrouvé
un Mentor moins impérieux, évidemment, que
l'autre, et conquis d'avance à ses opinions, faisait arrêter séance tenante les deux frères de
Ba Hamed, dont l'un, Mohammed el Srir, était
ministre de la guerre, et le second ministre des
finances. Et comme, en pareil cas, les biens des
séquestrés sont confisqués, j'incline à penser
que Si Mehedi fit de son coup d'essai deux coups
de maître. Le Sultan, d'autre part, lui offrit
immédiatement la succession de Mohammed
el Srir. Il n'avait garde de refuser. A trente-

deux ans, il se trouva ministre de la guerre
et jouissant pleinement de la confiance et de la
faveur impériales.

Que sa position au sein du Makhzen fut toujours agréable et aisée, je n'en jurerais pas. Ses
origines obscures durent plus d'une fois lui être
imputées à crime par ses collègues lettrés, culti-
vés et tous issus de tribus nobles, de familles
considérables. Il se maintint, pourtant, et victo-
rieusement, à force de diplomatie quand ce fut
possible, par la violence quand elle fut nécessaire. Il fut impitoyable à des ennemis qui, à
sa place, ne l'auraient pas ménagé davantage,
et qui, d'ailleurs, prirent plus tard leur revanche
copieusement. Il supprima autour de lui ceux
qui le gênaient, et les remplaça par des amis :
il en avait beaucoup, alors.

En fait, les destinées du Maroc se trouvaient
confiées, de ce moment, à deux hommes également inexpérimentés : le Sultan Abd el Aziz et
El Menebhy son favori. L'un comme l'autre

devaient apprendre leur métier en l'exerçant.
Mais le nouveau ministre de la guerre, qui avait
pris en mains les rênes, eut un grave tort : ce
fut de continuer les errements funestes de Ba
Hamed ; de tenir systématiquement le Sultan à
l'écart des affaires ; de lui laisser ignorer tout des
choses du gouvernement ; et, renouvelant à son
insu des procédés d'affranchi du Bas-Empire
porté par le sort au pouvoir, d'entretenir avec
soin son maître, pour le mieux dominer, dans
l'inaction, l'oisiveté ; de cultiver en lui les frivoles
penchants de son âge ; de chercher à l'amuser,
afin qu'il oubliât ses devoirs et laissât le champ
libre à des appétits pas toujours très nobles.
Mais pouvons-nous équitablement juger les
hommes de là-bas d'après notre morale ?

Son envoi en ambassade auprès du roi
Édouard VII, lors du couronnement, marque
l'apogée de la fortune d'El Menebhy.

Il était alors — puis-je même dire après le
Sultan ? — l'homme le plus en vue du Maroc. Il

avait sa clientèle, au sens romain du mot, sa
cour. Il pouvait tout. L'Europe même l'adulait:
j'entends celles des nations européennes qui as-
piraient à jouer un rôle au Maroc et s'y prépa-
raient adroitement. J'ai le regret sincère de ne
pas parler ici, hélas! pour la diplomatie de mon
pays, qui se drapa toujours farouchement, devant lui, dans sa dignité, et ne condescendit, en
aucun cas, à ce qu'elle considérait comme des
compromissions vis-à-vis d'un homme qu'elle
n'aimait pas, sans trop d'ailleurs savoir pourquoi, et qu'elle ne comprit jamais. Ce fut un
grand dommage! et je veux espérer qu'elle a
maintenant changé d'avis. Quant à l'Angleterre,
elle considéra comme un succès, comme une
faveur l'envoi chez elle de ce personnage considérable.

Il partit. Le caïd Mac Lean l'accompagnait
officiellement pour le piloter là-bas.

Il emportait avec lui tous les cadeaux destinés
par le Sultan au roi Édouard VII, et parmi ces

cadeaux un assez bizarre et dont je demande la permission de raconter ici l'histoire, car elle accuse, chez celui qui l'imagina, que ç'ait été Abd el Aziz lui-même ou son envoyé extraordinaire, un esprit de pince-sans-rire assez amusant à noter.

Dans les cours et les jardins des palais impériaux vivent en tout temps quantité d'animaux domestiques ou apprivoisés: des sangliers, des gazelles, un porc-épic, et notamment des mouflons dont les gambades, les jeux animent et égaient un peu ces vastes enclos silencieux. Or, l'un de ces mouflons avait conçu, on ne sait à la suite de quelle circonstance, pour les Européens une haine sans merci.

Un jour que le Sultan donnait audience à un sujet de Sa Majesté britannique, M. Pleidell, qui, se préparant précisément à aller chasser le mouflon dans l'Atlas, venait solliciter une garde de cavaliers, l'animal furieux — avait-il surpris les intentions hostiles du chasseur à l'égard de ses frères de la montagne, et entendait-il, comme le lapin, commencer? — se rua sur l'Anglais et le gratifia d'un violent coup de corne au bas-ventre. Le pauvre homme en demeura deux jours malade.

L'incident peina le Sultan débonnaire. Ce mouflon était décidément l'ennemi de tout ce qui ne portait pas turban ou fez, et l'ennemi intraitable, car alors qu'un petit négrillon le faisait fuir en lui jetant une poignée de sable, nous ne pouvions, nous, en venir à bout. Il me souvient qu'un jour qu'il m'ennuyait par trop, bien décidé à le réduire à tout prix, je lui enfonçai d'un coup dans la peau, *banderillero* improvisé, un bâton armé d'une pointe aiguë, sans atteindre précisément mon but. Il s'ébroua et fonça sur moi avec une impétuosité nouvelle. Bref, on résolut de se débarrasser de cette bête intraitable, et l'on ne trouva rien de mieux, estimant l'occasion propice, que de la « coller » au milieu des présents impériaux qu'on embarquait pour

Londres. J'aimerais assez à savoir quelle frénésie fut la sienne quand il se trouva exilé dans un box du « Zoo », au milieu des Européens abhorrés.

« Les absents ont tort », dit un proverbe. El Menebhy l'éprouva bien.

A peine avait-il quitté la rive marocaine qu'au Palais commençaient contre lui de savantes manœuvres. Un homme n'a pas occupé, près d'un souverain, une situation pareille à celle qu'avait El Menebhy sans que sa chance seule lui ait déjà créé beaucoup d'ennemis. On raconta au Sultan que son ministre favori avait, en s'en allant, emporté de l'or, beaucoup d'or, naturellement volé au Trésor, qu'il allait mettre en sûreté dans les banques européennes. On fit tant et si bien qu'on arracha au faible souverain un ordre d'emprisonnement qui devait être exécuté dès le débarquement de l'ambassade à Mazagan.

Par bonheur pour El Menebhy, la légation anglaise veillait. Prévenu de ce qui se tramait, le consul britannique à Mazagan se rendit chez le pacha de la ville, chargé d'exécuter la volonté chérifienne. Il lui fit brutalement connaître que l'Angleterre verrait d'un très mauvais œil cette arrestation, ajoutant qu'au surplus, Si Mehedi n'avait pas rendu compte encore au Sultan de sa mission près du roi Edouard VII et que la réponse royale qu'il était chargé de rapporter à Abd el Aziz lui était un sauf-conduit, le plaçait en quelque sorte sous la protection de l'Angleterre.

Je me suis demandé, en apprenant par le menu cette histoire — et El Menebhy lui-même m'a posé un jour la question — ce qu'eussent fait la France et sa légation si tout cela s'était passé au retour d'une mission marocaine envoyée à Paris.

Quand le paquebot qui le ramenait mouilla en rade de Mazagan (octobre 1901), Si Mehedi vit arriver à bord son ami Mac Lean, rentré directement de Londres à Tanger, tandis que lui faisait son petit tour d'Europe. Le Caïd venait le mettre au courant de ce qui se machinait contre lui, de ce qu'on avait fait pour le défendre, lui donnant enfin l'assurance que le pacha n'oserait pas porter la main sur lui.

Ils débarquèrent ensemble; et, de fait, El Menebhy ne fut pas inquiété. Mais, à l'accueil plutôt réservé qui lui fut fait, il comprit que sa disgrâce était complète.

Il prit alors une décision très crâne, et qui révèle, d'une façon frappante, son caractère audacieux. Il ne songea pas un moment à se rembarquer sur le bateau qui l'amenait pour échapper au châtiment qui le menaçait et à s'en aller tranquillement vivre dans quelque coin, au bon soleil africain, avec l'argent qu'on l'accusait d'avoir dérobé. Sans s'attarder non plus à des récriminations inutiles, à de vaines tentatives de justification à distance, il sauta à cheval, et, sans la moindre suite, emmenant avec lui seulement un secrétaire fidèle, galopa d'une traite vers Marrakech où il allait jouer, non plus sa liberté, mais sa tête. Il dévora en vingt-quatre heures deux cents kilomètres et arrivait la nuit suivante à sa maison, attenante au palais. Au jour, il se présentait à la porte de la cour dite des Amusements, où chaque matin venait le Sultan. On n'osa pas lui en refuser l'entrée.

Et quand Abd el Aziz parut, il se jeta à ses pieds :

— Je suis ton esclave, Sidi. Fais de moi ce que tu voudras ; mais ne me condamne pas sans m'entendre.

Le Sultan, livré à lui-même, s'abandonnant à ses penchants naturels de bonté, le releva, l'écouta, et pardonna. El Menebhy reprit sa place au Makhzen.

Pourtant, une ombre demeura dans l'esprit du Sultan. On avait accusé El Menebhy de concussions et d'exactions ; lui, sans doute, pour se mieux défendre, avait porté contre d'autres les mêmes imputations. Abd el Aziz qui, évidemment, n'avait dû pas attendre ce moment pour

concevoir déjà à cet égard au moins quelques
soupçons, acquérait soudain la certitude que tous,
autour de lui, à qui mieux mieux, le dépouil-
laient et le trahissaient. Lui, si confiant, si large,
lui, insouciant de la question d'argent jusqu'à la
prodigalité, il se voyait tout à coup livré, sans
défense, à une bande de rapaces affamés. Il en
conçut une vraie douleur. Seulement, quand il
s'agit de trouver un remède à cette désolante situation, il s'arrêta à un parti qui attestait chez
lui une bonne foi, une loyauté touchantes et qui
eussent désarmé des hommes également honnê-
tes, mais aussi qui témoignait d'une ingénuité
bien rare. Il convoqua au Palais tous les vizirs, les
admonesta paternellement, faisant appel à leurs
bons sentiments. Et, après leur avoir déclaré qu'il
oubliait leurs fautes anciennes, passait l'éponge
sur le passé, il leur fit jurer solennellement sur le
Coran qu'à l'avenir ils renonceraient à leurs coupa-
bles pratiques et ne toucheraient plus aucun pot-
de-vin sur les commandes qu'ils seraient appelés

à donner en son nom. Tous jurèrent, avec conviction.

Définitivement absous dans le lot, lavé de tous ses torts réels ou supposés, El Menebhy rentra tout à fait en grâce, plus puissant que jamais.

Sa faveur dura, sans éclipse nouvelle, jusqu'à la révolte du Rougui Bou Hamara. Les graves événements qui se déroulèrent alors, avec les embarras dans lesquels ils jetèrent le Makhzen, l'inquiétude qu'ils donnèrent au Sultan, allaient, entre autres conséquences, entamer irrémédiablement une situation jusque-là si adroitement maintenue.

Au début de la sédition, le Sultan, suivant les errements inaugurés par Ba Hamed et qu'El Menebhy et ses collègues n'avaient eu garde d'abandonner, le Sultan fut tenu dans l'ignorance complète de ce qui se passait. On ne voyait dans l'acte du Prétendant qu'une rébellion comme tant d'autres, dont on espérait venir à bout promptement. Il fallut déchanter, et Bou Hamara

gagna du terrain. Alors on laissa connaitre à
Abd el Aziz quelques bribes de vérité. Puis, la
situation décidément s'aggravant, le Makhzen se
réunit en conseil. Le Rougui avançait toujours,
on n'avait plus d'argent pour payer les troupes
et les munitions; on voyait ainsi le moment où
toute résistance aux rebelles allait devenir impossible. On tomba d'accord qu'il était nécessaire,
désormais, et urgent, de tout avouer à Sidna.

Mais qui allait se charger de cette périlleuse
commission ? Tous s'en défendaient, et ce fut le
moment orageux de la délibération, chacun reje-
tant sur les autres les responsabilités menaçantes.
Toutefois une touchante unanimité — et si prévue! — groupa bientôt le conseil entier contre le
ministre de la guerre, devenu, tout à coup, le
bouc émissaire. N'était-ce pas lui qui avait eu
sur le jeune Sultan le plus d'ascendant, qui l'a-
vait poussé aux amusements, aux gaspillages,
ou du moins complaisamment laissé faire? Il
fallait bien qu'il se dévouât. Et ainsi on faisait,

si je puis dire, d'une pierre deux coups : on se mettait en règle vis-à-vis du Sultan qu'on initiait enfin à des difficultés qu'on ne pouvait plus dissimuler, et on jouait un fort mauvais tour à l'ennemi commun en se déchargeant sur lui d'une corvée inquiétante à accomplir. Plus d'un, parmi ces gaspards, espérait bien que, dans le premier moment de colère, Abd el Aziz ferait incarcérer au bas mot le fâcheux messager, et les débarrasserait enfin du favori.

Avec sa crânerie habituelle, sa bravoure, El Menebhy accepta la mission.

Un bon hasard me fit le témoin de l'entrevue du Sultan avec son ministre, et cette scène brève est pour moi inoubliable.

Abd el Aziz était, ce matin-là, dans la cour des Amusements, au seuil de l'atelier où je travaillais, et me regardait faire, gai, sans soucis, quand El Menebhy se présenta et demanda à lui parler. L'entretien n'eut rien de solennel. En quelques phrases brèves, El Menebhy exposa ce

qu'il avait à dire. Le Sultan, soudain, était devenu grave. Il écouta sans les interrompre ces
aveux, cette confession. Il n'eut pas un geste,
pas une observation, ne posa pas une question.
Et quand ce fut fini, comme Sidna se taisait,
El Menebhy, incliné, demanda:

— Que faut-il faire? Ordonne!...

— Pars à la tête des troupes, et ne reparais
en ma présence qu'avec le Rougui.

Si Mehedi s'en alla. Le Sultan rentra dans ses
appartements, tout songeur. Pour la première
fois j'avais vu sa bonne figure devenir sévère,
presque courroucée.

L'attitude du Menebhy, à la tête de l'armée du
Makhzen, fut telle qu'elle devait être. Il se con-
duisit galamment, sans grands risques, au surplus,
je pense, car il ne faudrait pas juger ces guerres
civiles marocaines d'après l'idée que nous pouvons nous former de la guerre. J'ai recueilli, de
la bouche même d'El Menebhy, le récit d'une
journée où l'on aurait tiré trois millions de car-

touches (?), les fusils, les mitrailleuses faisant
rage des deux côtés, et où pas uń seul homme
ne fut tué! O méridionaux, quels enfants vous
êtes, auprès des Marocains! De cette guerre d'ailleurs, on s'amusait follement, dans le Maghreb
entier, et jamais on ne partagea les angoisses que
put vous procurer la lecture de la « dernière
heure », un peu corsée, d'un journal du soir.
C'était, là-bas, une préoccupation qui détournait
des petites préoccupations habituelles, et quelque
chose comme une distraction plus relevée.

Mais cette campagne eût elle-même été plus
sérieuse qu'El Menebhy encore y aurait fait
bonne figure. Il est sans peur et l'avait prouvé
déjà. Au cours de son expédition, son énergie
eut un jour l'occasion de se montrer, et ce fut
par un geste de sabreur assez expressif qu'elle
se manifesta. Une avant-garde, envoyée à la découverte de l'ennemi, était tombée à l'improviste
dans une embuscade et, bien entendu, avait,
sans fausse honte, rebroussé chemin, ventre à

LES QUATRE MINISTRES DU SULTAN

De gauche à droite :

1. Si Mehedi el Menebhy, ministre de la guerre.
2. Si Fedoul Gharnet, grand vizir.
3. Mohammed Tazi, ministre des finances.
4. Abdelkerim ben Sliman, ministre des affaires étrangères.

terre vers le camp. Un cavalier, lancé en avant, vint avertir El Menebhy du fâcheux incident. Alors, sans une minute d'hésitation, celui-ci fit prendre les armes à ses troupes, et leur ordonna de tirer sur les fuyards dès qu'ils seraient en vue.

Je crois superflu de vous dire que le brave commandant en chef des troupes de Sa Majesté Chérifienne rentra à Fez très sain et très sauf. Mais, quand il revint de la chasse — de la chasse au Rougui, sans ramener le Rougui, — El Menebhy avait perdu sa place. Auprès d'Abd el Aziz, un autre familier avait succédé.

Sans doute, son ancien confident, son compagnon de tous les jours n'avait pas fait vingt lieues hors de Fez que le Sultan, sa colère tombée, devait regretter déjà son départ. Plus personne avec qui causer familièrement! Personne pour lui raconter les petits potins de la ville, le renseigner, le conseiller! Au bout de quelques jours, Abd el Aziz trouvait sa solitude intolérable.

Or, il avait remarqué quelquefois, au cours de ses promenades dans le palais, quand il lui arrivait de visiter les travaux qu'il avait ordonnés, un jeune intendant dont la physionomie, les manières, le langage lui avaient plu. C'était Hadji Omar Tazi, frère de son ministre des finances. Il le fit mander, eut occasion de le revoir, lui parla. Son impression première en fut confirmée. Il se prit de sympathie pour lui, trouva de l'agrément à sa conversation, et, insensiblement, s'habitua à le voir quotidiennement. Omar Tazi était adroit, insinuant. Il sut saisir l'occasion aux cheveux. Ce fut bientôt lui qui, chaque matin, apporta à Abd el Aziz, comme faisait autrefois El Menebhy, la gazette de Fez, lui contant les historiettes qui défrayaient sa capitale.

Quant à El Menebhy, rentré de son expédition, il reprit la direction du ministère de la guerre, sans zèle, sans conviction, mal remis des fatigues qu'il avait endurées en campagne, et sentant de jour en jour croître l'indifférence du

Maître à son égard. Il était redevenu un ministre quelconque, que le Sultan, de temps à autre, faisait mander quand il avait à l'entretenir, et comme une manière de serviteur un peu élevé en grade. Il végéta huit ou dix mois, las, attristé, sourdement miné, au surplus, par ses collègues, enfin sûrs de la revanche. Il put entrevoir l'heure où sa disgrâce serait complète. Il ne l'attendit pas, et, pareil au héros d'un drame romantique, voulut disparaître, non tomber : il sollicita la permission de faire le voyage de la Mecque. Pas un instant Abd el Aziz ne balança à la lui accorder. C'était comme le coup final, et s'il avait pu nourrir en secret l'illusion qu'au dernier moment on l'allait retenir, Si Mehedi dut être cruellement déçu. En s'éloignant, il venait de commettre une faute irrémédiable. Au lendemain de son départ, Si Ghebbas, cousin de Ben Sliman, ministre des affaires étrangères, le remplaçait au ministère de la guerre.

Lui, cependant, n'abandonnait pas l'espérance

de rentrer en grâce. Même de loin, il formait des projets; il tentait de ne pas laisser se rompre tout à fait les faibles liens qui le rattachaient encore au Sultan. Il songeait à des moyens de reconquérir l'esprit du Maître, et, comme autrefois, se préoccupait de trouver pour lui des distractions, des amusements qui le captiveraient. C'est ainsi qu'il acheta, au Caire, tout une imprimerie dont il comptait lui faire hommage au retour.

Il lui écrivit à diverses reprises, et, pour être bien sûr que ses lettres parviendraient exactement à leur destination, me donna cette marque de confiance de me les adresser, me demandant de les remettre au Sultan en mains propres. Voici un des derniers billets d'envoi qu'il voulut bien m'adresser, et qui témoigne des précautions qu'il prenait. Je traduis littéralement, quoique ma modestie en souffre :

Gloire à Dieu!

A l'aimable, intelligent, au très savant maître,
Veyre, Français. Après avoir demandé de tes nouvelles et de celles de mes amis. Peut-être êtes-vous
bien portants!

J'ai reçu ta lettre et j'ai compris tout ce que tu
m'as écrit. J'ai entière confiance dans ton amitié.
Dieu te bénisse!

Tu recevras ci-joint une lettre que tu remettras,
de la main à la main, à sa Majesté Mouley Abd el
Aziz — que Dieu le garde! — de façon à ce que
personne ne le sache.

Je suis arrivé en Égypte bien portant, et bientôt
je serai à Tanger, s'il plaît à Dieu. Dans deux ou
trois jours je t'écrirai.

Tu embrasseras la main de Sidna de ma part, sans
faute. Que Dieu te remercie!

Salut

29 *Safar* 1322

MEHEDI EL MENEBHY

Que contenaient ces lettres que j'étais ainsi chargé de transmettre? Je l'ignorerai sans doute toujours. Quel effet espérait-il qu'elles pouvaient avoir sur l'esprit indécis d'Abd el Aziz? On connut, je crois, que son retour était proche. Et les intrigues féroces de recommencer contre lui, au sein du Makhzen et auprès du Sultan, où l'on pouvait compter sur le concours de Hadji Omar Tazi.

Il arriva à Tanger. De là, il écrivit de nouveau au Sultan, lui annonçant son retour, et qu'il était à ses ordres. Abd el Aziz, circonvenu, peut-être hésitant, n'osa pas manifester une volonté. Il remit la lettre à ses vizirs : « Décidez vous-mêmes, leur dit-il. Voyez ce qu'il faut faire ». Il l'abandonnait ainsi, par veulerie, aux basses rancunes ameutées contre lui.

Forts de la faiblesse du Maître, les ministres osèrent adopter la mesure extrême, celle-là même qu'Abd el Aziz avait prise maintes fois déjà, et qu'il avait toujours redouté de faire

exécuter : l'arrestation de El Menebhy fut déci-
dée, avec la confiscation de tous ses biens.

L'événement a été alors conté tout au long
dans les feuilles, et je m'abstiendrai d'y revenir.
On sait comment Si Mehedi, devançant l'arrivée
des soldats du Makhzen, alla, tandis qu'on arrêtait son secrétaire, se réfugier à la légation d'Angleterre. Elle le sauva une fois de plus, lui garan-
tit la liberté, d'abord, et obtint qu'il pût se promener dans la ville sous sa protection, sans être
un seul moment inquiété ; puis elle lui fit conserver toutes ses propriétés de Tanger et payer
les autres un bon prix.

Cette diplomatie avisée n'avait garde de laisser
échapper une occasion de s'attacher, par un bien-
fait de plus, un homme d'une incontestable valeur, qui pouvait devenir, à un moment donné,
entre ses mains, un docile et précieux instrument.

Au moment où, prêt à rentrer en France, je
traversais Tanger où je devais m'embarquer,

j'allai faire une visite de courtoisie à cet homme qui m'avait toujours été bienveillant, qui m'avait témoigné une flatteuse confiance, et que sa disgrâce même, l'état de délaissement où il vivait, me rendait plus que jamais sympathique.

Je le trouvai résigné, sujet très respectueux et toujours affectionné du Sultan, sans amertumes, sans rêves.

Il s'était arrangé une existence paisible et confortable. L'ancien soldat du Makhzen, le fils obscur de la tribu des Menabha avait des goûts de grand seigneur. Son séjour de quelques années seulement aux affaires lui avait permis de les satisfaire. Qu'on ne se récrie pas au nom de la morale. Il s'en faut qu'elle soit une, et celle qui a cours au Maroc n'est pas celle de chez nous.

A Fez, déjà, au temps de sa puissance, Si Mehedi avait la plus belle maison de la ville; il y vivait avec ses deux femmes légitimes, au milieu d'une trentaine d'esclaves, y affichant des raffinements de luxe qui étonnaient. C'est ainsi que les inscriptions qui couraient autour de ses murs finement sculptés, paroles du Coran, sentences morales, étaient d'or massif. Non content de cette opulente demeure, aux cours pavées de mosaïques précieuses, où, tout le jour, murmuraient les jets d'eau, il se faisait construire à Rabbat un palais magnifique. En partant pour la Mecque, il avait acquis à Tanger de vastes terrains et y avait immédiatement installé des ouvriers. Dans sa retraite, il poursuivait les travaux commencés.

Mais, demanderez-vous, que peut bien penser le Sultan de ces choses? Il les ignore à l'ordinaire. Confiné dans son palais, il ne connaît les bruits du dehors que par les récits qui lui en sont faits, et Fouquet, là-bas, n'offre point à son souverain des fêtes à lui porter ombrage.

Le Sultan ne donne à ses ministres ni appointements, ni frais de représentation. Il le sait bien. A eux de se tirer d'affaire! Pour le reste, qu'ils habitent une chaumière ou un palais de marbre, peu lui chaut. Il faut que quelque malintentionné se fasse dénonciateur et vienne lui attester que tel ou tel de ses serviteurs a vraiment exagéré les rapines, et même qu'il revienne plusieurs fois à la charge, pour que la placidité du Maître s'émeuve. C'est exactement ce qui était arrivé pour El Menebhy.

Même éloigné du Sultan, l'ancien ministre de la guerre lui conservait, je crois, un sincère attachement, pur de toute arrière-pensée de lucre ou d'ambition. Sa première question, quand j'arrivai chez lui, fut pour demander des nouvelles de Sidna. Je pus lui en donner d'excellentes. Alors il questionna :

— Crois-tu qu'il pense encore à moi? Te parle-t-il de moi, parfois?...

Je ne sais si Abd el Aziz avait oublié son ancien favori, s'il ne le regrettait pas quelquefois, en se rappelant le passé si calme. Mais il n'aimait guère à en parler, et quand on prononçait le nom de Si Mehedi, il détournait bien vite la conversation. Je ne crois pas, toutefois, qu'il lui gardât rancune. Les longs ressentiments ne vont guère à sa nature débonnaire.

Après que nous eûmes bien parlé du passé, des absents, je demandai à brûle-pourpoint à El Menebhi :

— Et quand reviens-tu à Fez?

Mais il secoua la tête, mélancolique :

— Ne me parle plus de Fez. J'ai obtenu le pardon de Sidna; je vis tranquille, je ne demande rien de plus.

J'insistai, cependant. Je fis observer à l'ancien ministre du Sultan que bien des choses s'étaient passées, depuis son départ; que des événements graves, peut-être, étaient proches. L'accord franco-anglais avait modifié singulièrement la situation, d'abord; puis, les incidents des derniers jours, cette sorte de demi-révolte d'Abd el Aziz contre l'ingérence française dans les affaires marocaines, sa tentative de renvoi de notre mission militaire laissaient entrevoir la possibilité d'une rupture plus sérieuse à la première occasion. Je ne voulus envisager avec El Menebhy que les conséquences de l'accord franco-anglais, puisque, aussi bien, les difficultés qui avaient surgi ultérieurement semblaient en voie de s'aplanir.

— La France se chargeant de la police au Maroc et de ramener l'ordre dans votre pays, je ne vois qu'un homme qui puisse la bien seconder dans cette tâche, un homme capable de dresser les soldats, de les conduire comme il convient : c'est toi.

— Ce que voudra la France, répondit-il, je le ferai, mais il faudra que tout cela se passe régulièrement, et que la France elle-même demande à Mouley Abd el Aziz de me rappeler près de lui.

J'avais tout à coup réveillé en lui des ambitions assoupies, il se reprenait à faire des projets. Il s'abandonnait en toute confiance, il me parlait

à cœur ouvert. L'exercice du pouvoir, tout au
fond, l'inquiétait, l'effrayait. Il me confessa qu'au
moment de la mort de Ba Hamed, quand il s'a-
perçut tout à coup que tout reposait sur lui, il se
sentit faiblir devant une tâche qu'il n'avait pas
ambitionnée; il eut comme un vertige, en se
voyant à ce faîte auquel il n'aurait jamais osé
aspirer, même dans ses rêves les plus fous, et
où les circonstances, plus encore que sa volonté
subitement tendue, l'avaient porté.

Il sentit le besoin d'un appui, d'un conseiller
sûr, d'un ami. Il se fût aussi bien tourné vers
un Français, s'il s'en était trouvé un près de lui
en qui il pût avoir confiance. Mais, partageant
peut-être aveuglément les partis pris du milieu
dans lequel il vivait, il se défiait des Français,
qu'il avait toujours vu considérer par ceux qui
l'entouraient comme des gêneurs, de fâcheux
surveillants, toujours prêts à censurer, à gronder.
Il alla donc vers Mac Lean et fut bien accueilli.

— Aujourd'hui, pas plus qu'alors, ajouta Si

Mehedi, je ne suis capable de rien faire par moi-même. Mais si la France a besoin de moi, qu'elle ordonne. Qu'elle me dise ce que je dois faire.

Toutefois, il était visible, à son accent, qu'il n'avait en nous qu'une demi confiance. D'ailleurs j'objectais qu'il y avait, à la réali- .ion de tous ces beaux plans que nous formions en toute sincérité, une difficulté assez sérieuse, qui était que El Menebhy se trouvait devenu protégé anglais. La légation britannique, lorsqu'elle était intervenue, à son retour de la Mecque, pour lui faire restituer ses biens confisqués et sauvegarder sa liberté, l'avait expressément spécifié, et même toute une discussion diplomatique avait surgi entre elle et le gouvernement chérifien. Tous deux interprétaient dans un sens différent une des clauses du traité de Madrid, définissant le régime de la protection au Maroc et qui porte qu'aucun membre du Makhzen ne peut être protégé de l'une ou l'autre des puissances européennes.

— Certes, répondait la légation anglaise, mais

cet article que vous invoquez, a été intercalé surtout en faveur du Sultan et afin de garantir la
complète indépendance de son gouvernement.
Et lui même, dans le cas présent, a renoncé à
en réclamer le bénéfice, puisque, de son propre
sceau il a libéré Si Mehedi.

En effet, à la suite du premier incident, El
Menebhy avait officiellement, et avec l'assentiment de Mouley Abd el Aziz, demandé la protection de l'Angleterre.

— Mais, dit Si Mehedi, répondant à mon obserservation, si j'avais demandé la protection de la
France, crois-tu sincèrement qu'elle me l'aurait
accordée ?

Je souris, sceptique. Je ne connaissais que trop
les sentiments que nourrissaient à son égard nos
représentants à Tanger, et combien ils l'avaient
combattu de toutes leurs forces, réprouvant ses
actes, toute sa politique, au lieu de s'appuyer
sur lui. Je n'avais rien à répondre.

— Tu vois bien ! reprit-il. Il a donc fallu que

je me mette sous la protection de l'Angleterre, qui ne m'a pas repoussé et qui a pris ma cause en mains, comme jamais les tiens ne l'auraient prise.

Et voilà comment s'établissent les réputations. Voilà comment l'Angleterre est arrivée à donner au monde entier une si solide confiance en sa force, en son énergie à défendre les intérêts dont elle a assumé la charge.

— A présent, conclut Si Mehedi, je t'ai dit ce que j'avais à te dire à ce sujet. Je ne demande pas qu'on me croie. Qu'on me juge sur mes actes..

Une force est là, inactive, qui attend. Voudra-t-on, saura-t-on l'utiliser ?

LE CAÏD SIR HENRY MAC LEAN
Instructeur de l'infanterie marocaine.

5*

Le Caïd Mac Lean

On a, ces temps derniers, fait circuler le bruit que le caïd Mac Lean quittait le Maroc sans espoir de retour, et repartait se fixer en Angleterre. Je n'en ai rien cru. Si fort, si persistant que puisse être, au cœur de tout homme, l'attrait de la terre natale, il ne saurait, j'imagine, faire oublier jamais à Sir Henry Mac Lean les liens solides qui l'attachent désormais à ce pays qui fut pour lui comme une seconde patrie ; où se sont écoulées vingt-cinq années de sa vie active, les plus heureuses ; où il a joué un rôle considérable, conquis tant de précieuses sympathies, et qu'il aime, enfin, — il l'a confessé plus d'une fois.

Le Caïd frise à présent la soixantaine. L'œil

vif, l'air résolu, le teint haut en couleur et relevé
encore par la blancheur du poil, cheveux et
barbe, il a très belle prestance. Pas grand, pourtant, mais portant avec une martiale élégance
l'uniforme, tarbouch et turban, burnous blanc,
large pantalon flottant, dans des bottes à la mauresque.

Henry Mac Lean était, on l'a conté déjà, ser-
gent dans l'armée anglaise, et servait à Gibraltar
quand une aventure amoureuse assez commune
vint déranger sa vie, banale histoire du sous-
officier qu'une irrésistible passion entraîne, et
qui plante tout là pour s'y abandonner librement.

Il voyagea, passa en Amérique, au Canada,
fut ballotté de nouveau vers l'Europe et finit par
échouer au Maroc, dont, pendant le temps qu'il
avait vécu à Gibraltar, il avait beaucoup entendu
parler. Il était maintenant commerçant. Ses
affaires l'amenèrent jusqu'à Fez. Il y connut le
tout puissant Ba Hamed, et gagna ses bonnes

grâces. Ai-je dit qu'il était remarquablement
intelligent, et merveilleusement habile à s'orien-
ter ? Il arriva à pénétrer au palais.

C'était peu après l'époque où la France venait
de fournir au Sultan une mission militaire chargée
de former son artillerie. L'infanterie demeurait
abandonnée à ses propres moyens. Mac Lean,
appuyé, je pense, en-dessous, par la légation anglaise, et sûr de pouvoir compter sur son concours, parvint à persuader Mouley Hassan de la
nécessité d'instruire aussi ses fantassins. Il mit à
son service sa propre expérience, son zèle. Le
Sultan accepta. Ceux qui ont, même en ces dernières années, visité le Maroc et vu de près son
armée, après tous les progrès pourtant réalisés,
peuvent s'imaginer quel devait être alors l'état
des troupes du Makhzen et de quelle tâche ardue
se chargeait Mac Lean. Il y réussit admirablement, peu à peu prenant place et se poussant
dans la faveur impériale. Ses fonctions officielles
d'instructeur militaire, d'ailleurs, ne l'empê-

chaient nullement de continuer ses transactions commerciales. Son activité comme son crédit moral au Palais prospérèrent parallèlement, sans à-coups, jusqu'à la mort de Mouley Hassan. Cet événement, en fait, mettait, comme on sait, le pouvoir aux mains de Ba Hamed, du protecteur même, de l'ami du caïd, de l'auteur premier de sa fortune. Rien ne fut donc changé pour Mac Lean, si ce n'est en bien.

Enfin, Ba Hamed à son tour disparut. On a vu, par les aveux d'El Menebhy que je rapportais plus haut, quel fut, à ce moment, le rôle de Mac Lean : il fut le premier, le seul, peut être, à qui l'on demanda conseil. Il connaissait admirablement les affaires intérieures marocaines et put donner de sages avis. Son influence en fut encore fortifiée.

Il va de soi qu'il l'employa, autant que les circonstances le lui permirent, à favoriser les intérêts anglais. Les représentants du Foreign Office à Tanger n'avaient point les superbes préjugés de quelques diplomates que j'ai connus. Ils du-

rent plusieurs fois utiliser les bons offices de cet
homme, en position de leur rendre d'éminents
services. Mais on s'est lourdement trompé, et on
lui a fait tort, quand on a cherché à le représenter comme perpétuellement préoccupé d'intri-
guer pour son pays et contre les autres, contre
le nôtre en particulier.

Mac Lean mit toujours une véritable coquetterie, une affectation à se tenir en dehors de la politique. Il n'eut point l'orgueil de vouloir paraître en scène. Il se tint, de parti pris, dans la
coulisse, invisible et présent. Seulement, on venait à lui, on le consultait; on lui demandait,
comme de précieux services, ses conseils, aussi
bien et davantage sur la conduite à tenir en présence de telles ou telles complications intérieures
que dans les affaires extérieures. Mon Dieu! met-
tez vous à sa place!... En toute sincérité, je crois
qu'il se préoccupa toujours de servir loyalement
le Sultan, ce qui ne l'obligeait pas nécessairement
à sacrifier ses propres intérêts, ni ceux de l'An-

gleterre. En un mot, il ne s'évertua pas à faire l'ange, ce qui, à la vérité, est bien inutile. Il ne fit pas non plus la bête.

Au service exclusif du Sultan, tout à fait libre d'attaches officielles, indépendant vis-à-vis de la légation anglaise, il était prêt, toutefois, à rendre les services qu'on lui demandait. Mais sa bienveillance ne se limitait pas à ses nationaux. J'ai dit quel accueil empressé, exquis j'ai trouvé, personnellement, auprès de lui. Pour tout Européen qui survenait, il était le même. Je ne crois pas que jamais aucun d'eux ait eu à se plaindre d'un mauvais procédé de sa part; et combien, au contraire, ont mis à l'épreuve son amabilité!

Certes, il « faisait des affaires » — des affaires! le mot abominable et devant lequel se voilent d'horreur les Pharisiens. Aussi bien n'empêchat-il jamais personne d'en faire autour de lui. Il n'était point jaloux qu'un concurrent, fût-il Français, eût obtenu une commande qu'il aurait quel-

quefois pu lui-même ambitionner. S'il ne dé-
pendait que de lui de pousser Abd el Aziz à la
donner, il ne balançait pas et le décidait : « Il y
a bien, disait-il, de la place pour tout le monde. »
Il a amassé une fortune princière. Il a aidé quelques autres à commencer d'édifier la leur. Je
n'ai connu personne qui fût plus serviable.

Après la mort de Ba Hamed, Mac Lean était
devenu, pour le Sultan comme pour El Menebhy,
l'homme indispensable.

Pour distraire Abd el Aziz, puisque c'était
maintenant la grande affaire, nul n'avait l'esprit
plus fertile en idées. Le phonographe, la bicyclette pénétrèrent au Maroc par son entremise,
et un peu la photographie aussi, avec moi.

Sa docilité aux fantaisies du despote débonnaire était sans bornes, sa complaisance infinie.

Je l'ai vu diriger la manœuvre du gonflement
d'une mongolfière, arranger, nettoyer en hâte,
afin que le Sultan n'attendît pas, la bicyclette
détraquée ou sale, tout cela par amabilité, par

prévenance pure, non par servilisme, et sans rien abdiquer de sa dignité.

Il était de tous les jeux, et l'Empereur comme ses ministres le recevaient familièrement. Il se prêtait, bon garçon, *good fellow*, à tout ce qu'on lui demandait gentiment.

Si bien que, quelquefois, à peine était-il rentré chez lui, ou souvent en pleine nuit, on le faisait demander au Palais, ayant besoin d'un avis, d'une indication, désirant le consulter avant de prendre quelque décision importante. Et sans se faire prier jamais, il sautait en selle et galopait trois quarts d'heure pour se rendre à cet appel.

On ne saurait s'étonner de l'ascendant qu'il prit, grâce à ces bons offices continuels. A qui se fût-on adressé, lui manquant? A la légation de France? Elle était à Tanger, comme les autres légations. Au représentant officieux qu'elle entretint longtemps auprès du Sultan? Sa grandeur même, plus forte que tout le bon vouloir, tout le

zèle patriotique qu'il apportait à l'accomplisse-
ment de ses devoirs, attachait au rivage cet
homme, pourtant d'une incontestable valeur.
Et le même sentiment de respectabilité, bien
français et chevau-léger, sans doute, et très élégant, mais puéril au demeurant et fort gênant
pour atteindre un but positif, arrêtait les membres de notre mission militaire. Certains, pourtant, avaient, personnellement, conquis la très vive
sympathie du Sultan, mais n'en pouvaient profiter, liés par une tas de considérations aussi solennelles que gênantes.

Enfin, tout doucement, Mac Lean s'insinua.

L'ancien sous-officier de Gibraltar en arriva à
avoir près de lui, pour le seconder dans sa tâche auprès de l'armée du Makhzen, un officier
anglais, le major Oguilvy et trois instructeurs,
et enfin un médecin, le docteur Verdon : une
véritable mission militaire britannique en face
de la mission française, et une mission qui,
moins gênée par des soucis de décorum et de

sacro-sainte dignité, gardant ses coudées plus franches, prit auprès du Sultan et du Makhzen une place considérable. Tous avaient, au Palais, leurs grandes et petites entrées. Le Dr Verdon, médecin de la mission, son frère, le lieutenant N. Verdon, prenaient part aux amusements du Sultan, vivaient quotidiennement auprès de lui, alors que nos officiers n'y paraissaient qu'en audiences cérémonieuses, de loin en loin.

En fait, la mission militaire officieuse appelée, on peut le dire, par Mac-Lean, se vit toujours confier beaucoup plus de soldats à instruire que n'en avait la nôtre. Et le jour où le Caïd trouvait que ses troupes, en loques, lui faisaient peu d'honneur, bien vite on commandait des uniformes neufs. Quand même il n'y eût eu là pour lui qu'une satisfaction d'amour-propre, c'était déjà quelque chose.

La mission française ne demandait probablement jamais rien, je pense, car ses soldats souvent faisaient pitié à voir.

Survint en 1901, le couronnement du roi
Edouard VII. Le Sultan, comme je l'ai dit, y envoya un ambassadeur extraordinaire, Si Mehedi
el Menebhy. Le caïd Mac Lean l'accompagnait
pour le présenter. Quand il revint, il était
Sir Henry Mac Lean, anobli par son roi empressé de reconnaître l'aide précieuse qu'il avait
apportée au développement de l'influence britannique au Maroc.

Dans toute sa carrière auprès de Mouley Abd
el Aziz, sir Henry Mac Lean n'a, je crois, commis
qu'une seule bévue sérieuse : ce fut lui qui introduisit M. Harris, le trop fameux correspondant
marocain du *Times*. C'était d'ailleurs le seul côté
délicat de la situation qu'il occupait auprès
du Sultan. Il pouvait, à son gré, ou presque, lui
présenter qui bon lui semblait. Il était à craindre
qu'il ne lui amenât quelque jour des personnages
encombrants, brouillons, ignorants de sa réserve
et capables de tout gâcher.

L'expérience Harris, qui faillit être désastreuse, lui aura, je crois, été une bonne leçon.

M. Harris débarqua un jour à Marrakech, environ deux ou trois mois avant le départ du Sultan pour Rabbat et Fez, c'est-à-dire en octobre 1901. Je lé vois encore arrivant à l'audience, en un habit flamboyant, tout chamarré d'or, et pareil à un splendide gros scarabée, car M. Harris, vaguement « de la carrière », comme nous disons, à tout le moins improvisé aspirant diplomate pour les besoins de la cause, portait, ce matin-là, l'uniforme imposant que vous savez.

Il parlait l'arabe parfaitement, raconta au Sultan ses voyages, l'intéressa beaucoup, ne lui déplut pas. Quelques jours après, nous le vîmes aux Amusements, toujours chaperonné par Mac Lean.

M. Harris avait peut-être une quarantaine d'années. Il était riche, disait-on, — du moins sans besoins d'argent. Il aspirait à la gloire, car, ainsi que le répondait je ne sais plus quel Français du passé à un Anglais dont j'ai oublié le

nom, on combat toujours pour ce qu'on n'a pas.
M. Harris ambitionna de jouer au Maroc un
grand premier rôle politique. Peut-être y fût-il
parvenu. Mais il eut le malheur d'appuyer avant
l'heure sur le mauvais bouton et de déclancher
un dangereux ressort. Il ne fit, au surplus, que
devancer ainsi la diplomatie française. Comme
son influence sur Abd el Aziz était certaine, il en
profita pour le pousser dans la voie des réformes.
La première qu'il conçut fut la réforme de l'impôt, ou plutôt l'établissement d'un impôt régulier, à l'européenne — mieux, à l'anglaise. Il
semblait même n'être venu là que pour prêcher
l'évangile fiscal.

Touché des exactions indéfendables auxquelles
donne lieu le système actuel de perception par
les Caïds, Harris avait rêvé d'un régime idéal
— idéal surtout pour le Maroc, — où chacun
paierait en proportion de ses biens, propriétés,
terres, têtes de bétail.

Cette chimère devait enchanter le bon Abd el

Aziz, épris, au fond, de vagues idées de justice qu'il n'avait jamais songé à formuler et moins à codifier, et alors dans le fort de sa ferveur réformatrice. En 1902, savamment et longuement travaillé, le Sultan ordonna l'application d'un ensemble de mesures qu'avait élaborées son nouvel ami.

Par malheur pour ce plan admirable, Sa Majesté Chérifienne ne communique que de loin avec ses sujets, même les plus fidèles. Il y a, entre elle et eux, les Caïds, vraiment trop directement intéressés au maintien du *statu quo*. Ces intermédiaires suspects interprétèrent dans un tel esprit les décisions impériales, les appliquèrent de telle façon qu'ils soulevèrent contre l'impôt Harris le pays tout entier.

Ce fut là, je pense, la cause la plus directe des troubles qui désolèrent le Maroc et qui n'ont pas encore pris fin.

Naturellement, les premiers ennemis de M. Harris furent les ministres, qui perçoivent le meilleur de leurs revenus sur les Caïds eux-mêmes. Ils ne durent pas se faire faute, en présence de l'ennui, des inquiétudes que causaient à Mouley Abd el Aziz toutes ces rébellions sans cesse accrues, de dauber sur l'instigateur de la réforme impopulaire.

Mais l'idée première qui lui avait été exposée avait à ce point séduit le jeune Sultan qu'il n'osait plus, ne pouvait se résoudre à revenir sur sa décision, imaginant, plutôt que de se déjuger, que ses volontés avaient été mal comprises. C'était pire, d'ailleurs : elles avaient été dénaturées dans l'application. Enfin, M. Harris eût peut-être fini, à force de ténacité, par l'emporter, s'il n'avait, à ce moment précis, commis l'inconcevable maladresse de se brouiller avec Mac Lean. Il ne pesa guère lourd !...

Ce que les insinuations, les plaintes des vizirs n'avaient pu faire, un mot de Mac Lean en vint à bout. Peut-être avait-il, depuis longtemps déjà, été sollicité par le Makhzen de lui prêter son

appui contre Harris et ses dommageables entreprises.

Souvent, il avait porté ainsi au pied du
trône les doléances des ministres, ces esclaves
toujours courbés craintivement devant Sidna,
avait pressenti le Maître sur l'accueil qu'il réser-
verait à tel ou tel de leurs projets. El Menebhy
surtout, homme prudent, avisé, ne s'aventurait
jamais à proposer quoi que ce fût à Abd el Aziz
sans l'avoir fait sonder au préalable par son ami
anglais. Du jour où Harris l'eut indisposé,
Mac Lean retira la main qui était son principal
appui.

On apprit un matin, au Palais et dans Fez,
que le correspondant du *Times*, le diplomate
amateur, avait quitté brusquement la capitale.
La crainte d'une infortune plus fâcheuse encore
que sa disgrâce — et plus irréparable — le talon-
nait et l'avait fait fuir ; prétextant l'arrivée
d'une dépêche d'Angleterre qui lui donnait de
très mauvaises nouvelles de la santé de sa mère,

TRAINEAU DE MARIE-ANTOINETTE, VENANT DE TRIANON
qui a été monté en automobile

LES AUTOMOBILES DU SULTAN

M. Harris avait sauté en selle pour regagner Tanger.

Ce fut sage.

Le Maroc entier était monté contre l'inventeur de cet impôt que l'adresse de ses percepteurs avait rendu si impopulaire. Il eût suffi de peu de chose, pas même d'une excitation, ni d'une suggestion, mais d'un simple laissez-faire, pour que ses jours fussent en danger.

Depuis tous ces événements, « l'entente cordiale » est survenue, scellée par l'arrangement franco-anglais. Elle a, en apparence du moins, mis un terme à l'action de la politique anglaise au Maroc.

Les amateurs de spectacles dans un fauteuil, ceux qui adorent suivre, en philosophes, en dilettantes, les faits qui se déroulent autour d'eux, au jour le jour, et pour le seul plaisir d'en sourire, faute de mieux, ceux-là le regretteront.

Ils eussent éprouvé quelque joie à voir,

jusqu'au bout, quelle œuvre était capable d'accomplir pour son pays un homme intelligent, audacieux et souple comme l'est sir Henry Mac Lean.

Dans la Cour des Amusements.

C'est, je puis bien dire, dans la cour des
Amusements que j'ai connu Abd el Aziz. N'étais-je
pas de ceux qui, promus à la dignité d'instruments de règne, avaient charge de le distraire,
de l'occuper? C'est là tout d'abord que, pendant
notre séjour à Marrakech, je le vis le plus souvent, le plus longuement; là que je vécus le plus
près de lui. Car c'est là qu'il aimait le mieux à
se tenir durant les longues journées d'oisiveté
que lui laissait la politique de son premier favori.
Sans doute, ne puis-je pas dire qu'il n'y coula
que de bons moments, puisqu'il y reçut parfois
des ambassades; que vinrent l'y retrouver les
quelques soucis légers qu'on voulait bien lui

laisser du pouvoir, et qu'il y essuya parfois les mercuriales respectueuses mais affligeantes des envoyés officieux ou officiels de la France, érigée, de sa propre autorité, en tutrice grognonne. C'est là, pourtant, je crois, que, libre, insouciant, à l'ordinaire, il a vécu les meilleures heures de sa vie, les heures qu'il regrettait, à Fez, quand nous le voyions morose, alors que sa pensée se reportait vers sa chère Marrakech.

Certes, à Fez, son premier soin, le nôtre, en arrivant, fut d'adopter aussi une place pour nos jeux, de recréer une autre cour des Amusements. Ce ne fut plus ça. Elle s'assombrit bien vite, et des soucis l'emplirent.

Ces quelques mois que j'ai passés à Marrakech ! Je n'y songe pas moi-même sans regrets. C'était l'époque bénie, et cette cour, dans un coin de laquelle, entre deux parties, le jeune Sultan accordait une audience solennelle, fut vraiment le cœur même du Maroc, le siège du pouvoir, la Salle du Trône, ce lieu auguste, ce sanc-

tuaire où le vulgaire asscoit la toute-puissance
des rois.

Si l'histoire doit jamais faire un grief à Mouley
Abd el Aziz d'avoir trop aimé les sports, c'est à
l'Angleterre qu'elle devra s'en prendre. Il n'était
qu'un beau gros adolescent robuste, très grand —
1ᵐ78 de taille, 1ᵐ80, peut-être — et de forte cor-
pulence, ayant toute l'étoffe d'un colosse, sans
en avoir les muscles, quand Mac Lean, ému de
son indolence, de son nonchaloir, et tout imbu
des théories anglaises, renouvelées, comme le jeu
de l'Oie, des Grecs, lui conseilla, voulant le doter
d'un peu d'énergie physique, en attendant l'autre, de faire de l'exercice. C'était un divertisse-
ment nouveau, il séduisit Abd el Aziz. On ins-
talla pour lui, dans une cour du palais, un
portique avec un trapèze; il apprit à jouer à
saute-mouton, pratiqua avec toute l'énergie dont
il était capable les gymnastiques en usage dans
l'armée britannique, le tennis, le football; fut
initié par M. N. Verdon, le lieutenant de Mac Lean,

aux beautés de l'escrime au sabre, et un beau jour, enfin, enfourcha sa première bicyclette. Il y prit goût vivement.

A l'époque où j'arrivai à Marrakech, il eût passé ses journées sur une bécane. La cour des Amusements était transformée en une piste tout à fait extraordinaire, agrémentée d'obstacles, où nous nous livrions aux steeples les plus fous, lui, Mac Lean, El Menebhy, le docteur anglais Verdon et son frère, un ou deux autres encore.

Le Sultan ayant une fois, par hasard, passé sur un matelas qui gisait, abandonné, au milieu de la cour et ayant trouvé la sensation amusante, cet incident fortuit donna l'idée d'une série d'inventions très baroques et dont souriraient nos champions

Sur le trajet que nous suivions d'habitude, on dressa d'abord des caisses plates et peu épaisses, sur lesquelles s'appuyaient, formant rampes à la montée et à la descente, d'étroites passerelles de planches; puis on entassa ces caisses les unes

sur les autres jusqu'à un mètre, un mètre cinquante du sol; puis on les disposa en zigzag;
des échelles entrèrent en jeu, et aussi des canots
pliants, que Mac Lean avait fait venir de Londres ou de Liverpool et qui devinrent des piles
admirables pour nos ponts volants. Là-dessus,
on jetait un large plancher où nous nous exer-
cions à de périlleuses évolutions, nous croisant,
nous passant, rebroussant chemin. Nous inven-
tâmes, parallèlement peut-être avec quelques vir-
tuoses européens, le polo à bicyclette, et nous y
jouions sur des machines spécialement agencées,
dont les roues étaient protégées par des plaques
de celluloïd, afin d'éviter que les maillets ne s'en-
gageassent dans les rayons, au hasard d'un coup.
À toutes ces acrobaties, le Sultan était prodigieu-
sement adroit, sans flatterie, le plus adroit de
nous tous. Au début, ses longs vêtements, sa
djellaba, le gênaient bien un peu, et nous lui
avions proposé, pour plus de commodité, de
monter une bicyclette de femme; mais quand il

sut que c'était une machine spécialement cons-
truite pour le sexe faible, il s'insurgea orgueil-
leusement.

Il fit du tandem, de la triplette. Il eut jusqu'à
une quintuplette. Bref, il fut fou, fanatique,
éperdu de la « reine Bicyclette ». Il fallut la mo-
tocyclette pour la détrôner dans son esprit.

Je m'avoue humblement l'auteur responsable
de l'introduction du moteur à pétrole aux palais
impériaux.

Le jour où je déballai, en sa présence, le premier tricycle automobile qu'il eût vu, le Sultan
fit la moue. Il le trouva peu gracieux. Pourtant
ses mécaniques l'intéressèrent. Il demanda à quoi
servaient les différents organes, toucha les manettes, s'inquiéta de savoir pourquoi, comment
cela marchait. Je donnai quelques coups de pé-
dale et le teuf-teuf se mit en route. Il était enthousiasmé et poussait des exclamations de joie.
C'était la première fois qu'il voyait une pareille
machine se mouvoir seule : « Reviens ! reviens ! »

criait-il. Et j'avais à peine mis pied à terre qu'il enfourchait à son tour la machine; après de brèves explications de ma part, il se lançait à pleine vitesse à travers la cour. Je le suivis, en courant un moment : ce fut la seule leçon dont il eut besoin.

Il était ivre de joie. L'après-midi entier, il s'amusa de ce jouet neuf, filant, virevoltant, évoluant en tous sens à travers la cour. A la nuit tombante, il n'était pas encore rassasié de cette joie qu'il éprouvait. Alors il fit venir trente esclaves noirs avec des falots, des bougies, pour éclairer sa course folle, jusqu'au moment où, excédé, las, il lui fallut rentrer dans ses appartements pour y rêver de pétrolette!

Le lendemain, très maître de sa machine, il y montait un fusil en mains, et, se dressant sur les pédales, mettant en joue, jonglant avec son arme, il se livrait à tout un simulacre de fantasia.

Quelques jours plus tard, une question lui venait aux lèvres, comme il descendait de machine :

— Est-ce qu'il n'y en a pas de plus grandes?

L'automobile s'imposait. Nous fîmes venir des automobiles, quatre, que le Sultan lui-même avait choisies sur catalogue. Il y avait deux voiturettes, un coupé de style Louis XVI, très simple, vert et or, et enfin un véhicule fort curieux, à une seule place, avec un moteur de trois chevaux, dont la carrosserie n'était ni plus ni moins qu'un traîneau ancien, des Trianons, rehaussé de précieuses peintures, ayant servi jadis à Marie-Antoinette.

Celui-ci nous arriva presque en miettes, inutilisable, en tout cas. L'affreux traitement qu'il avait subi, par force, de la côte à Marrakech, puis à Fez, où tout l'envoi était venu rejoindre le Sultan, qui, dans l'intervalle avait quitté une capitale pour l'autre, l'avait brisé. Mais sa forme élégante, avec son avant terminé en col de cygne, avait enchanté Abd el Aziz qui m'ordonna de lui en commander en France une copie. Jamais cette commande n'arriva, et j'utilisai le moteur de la jolie voiturette pour actionner, au Palais, une machine à fabriquer la glace. D'ailleurs, le Sultan semblait guéri de la belle passion qu'il avait éprouvée pour l'automobile. Les remontrances de ses mentors, les objurgations des oulémas, et surtout ce grand mal que Rabelais dénomme « faulte d'argent » avaient eu vite raison de son enthousiasme.

C'est dommage. Il fût devenu un chauffeur de premier ordre.

Son adresse naturelle le servait ici, comme à tous les exercices corporels. Il avait le goût, la manie, pourrais-je dire, des difficultés. A Marrakech, il faisait aligner, sur deux rangs, des caisses, laissant entre elles un étroit passage où il s'engageait à toute vitesse sur son tricycle à pétrole, et il renouvelait, d'autre part, pour son compte, la fameuse piste hérissée d'obstacles qu'avaient créée naguère, pour exercer leurs élèves, certaines écoles à l'usage des aspirants chauffeurs.

Plus tard, à Fez, il organisa des courses où lui,

un ingénieur anglais qu'il eut un moment, et
moi-même, nous disputions la palme à des cavaliers excellents, lancés à bride abattue et vaincus d'avance, les malheureux ! Pour lui, rien ne
l'arrêtait, ni haies, ni broussailles. Il traversait
tout, à pleine vitesse, sans souci des dommages
qui en pouvaient résulter pour sa machine, et
chacune de ces sorties me valait huit jours de
réparations pénibles !

Le peu de temps que dura son engouement
pour l'automobile, il s'y abandonna avec une
sorte de frénésie, comme il faisait pour toutes
ses fringales successives. Il fit partager de son
mieux ce beau feu à ses femmes. Il me souvient,
à ce propos, de quelques parties que nous fîmes ensemble et qui, vraiment, n'eurent rien de banal.

C'était pendant qu'on réparait le palais d'Hiver. Le Sultan avec toute sa maison s'était installé au palais d'Été, tout proche du vieux Fez,
mais ses femmes aimaient à suivre les travaux
qui se poursuivaient dans la demeure qu'elles

avaient dû abandonner, les préparatifs qu'on faisait pour les y recevoir bientôt. Il consentit un
jour à les y conduire en automobile. Mais il
fallait que la chose s'accomplît en grand mystère.
On décida qu'elles viendraient quatre par quatre,
avec Abd el Aziz et moi, chacun de nous con-
duisant son auto, et emmenant deux des belles
curieuses. On choisit pour cette expédition le
jeudi, jour où le palais est clos, interdit à toute
personne du dehors, soldats, ouvriers, à qui que
ce soit d'étranger, et où les femmes peuvent y
circuler librement, à l'abri des regards indiscrets. Il fut convenu que je me trouverais dans
la cour des Amusements vers une heure du matin, et que nous partirions à bonne vitesse vers
le palais d'Hiver. Ainsi fut fait, et ce furent d'é-
tranges randonnées que nous fîmes ainsi, pendant plusieurs semaines, jusqu'à ce que tout le
harem y eût passé, à travers la ville endormie
et silencieuse ! Le soir, les femmes s'en revenaient tranquillement à dos de mules.

Et ainsi, nous ne donnions pas au peuple d'Abd el Aziz un spectacle que d'aucuns jugeaient répréhensible et susceptible de porter atteinte au respect qui lui était dû ; de plus, nous évitions de troubler profondément la population des quartiers que nous traversions, ce qui arrivait immanquablement à chaque sortie du Sultan, même à cheval.

Car enfin, il faut liquider une querelle qu'on a cherchée au pauvre Abd el Aziz. On a prétendu, écrit, imprimé un peu partout que ses sujets, très attachés à leurs croyances, à leurs traditions, avaient éprouvé un profond mécontentement à le voir vivre familièrement, comme il faisait, avec des Européens, adopter leurs mœurs, se complaire à leurs inventions diaboliques, et que les rébellions qui se produisirent au Maroc n'avaient pas eu d'autre cause. J'ai déjà montré que la tentative de réforme de l'impôt, si malheureusement risquée par le Sultan sur les conseils de M. Harris, avait eu quelque influence sur cet état d'esprit des populations. Je voudrais remettre maintenant les choses au point en ce qui concerne l'impression produite sur le peuple marocain par la sympathie que manifesta toujours le Sultan pour les choses et les gens d'Europe.

Il est positif que les chefs religieux, défenseurs attitrés des traditions et de la foi, que même les membres du Makhzen, tous ceux qui vivent autour du trône et par lui, tous ceux là, trop directement intéressés au maintien de l'état de choses actuel, ont vu d'un mauvais œil les penchants qui poussaient le jeune Abd el Aziz vers notre civilisation. Que les oulémas aient sourdement excité les fidèles ; que, plus tard, ils soient venus sermonner le Sultan et lui signaler le mouvement qu'ils avaient eux-mêmes créé, il n'y a rien là que de très naturel. Mais en fait, le peuple de Fez ne manifesta à aucun moment d'hostilité visible contre nos bicyclettes, nos automobiles et nous-mêmes. Il m'est arrivé de parcourir maintes fois la capitale en teuf-teuf, seul, dépourvu de la moindre escorte, sans avoir jamais constaté parmi la foule autre chose que de la curiosité.

La vérité vraie est que chacune des sorties du Sultan, chacune des visites qu'il faisait, par exemple, du palais d'Été au palais d'Hiver, même et surtout quand y il allait seul, causait dans les quartiers qu'il traversait un dérangement fort désagréable à ceux qui les habitaient.

C'est là-bas un dogme que Sa Majesté Chérifienne, pour conserver entière la vénération de ses sujets, doit se montrer à eux le moins souvent possible — jamais, pour ainsi dire, en dehors des grandes fêtes de l'année, où le Sultan pontifie.

Et quand il s'aventure à sortir, c'est un crime de le regarder. Notez que sa personne est sacrée, et que tout musulman qui l'approche doit l'aborder pieds nus. Jugez de la superstition qui l'entoure ! Lorsque nous fîmes, en auto, ce fameux match dont j'ai parlé, des soldats étaient déployés sur les quatre kilomètres du parcours,

LES SPORTS FAVORIS DES FEMMES D'ABD EL AZIZ
d'après une pellicule de cinématographe faite par Sa Majesté Chérifienne.

avec consigne d'éloigner de la piste tout curieux. Quand, à Marrakech, nous allions, toute sa suite avec lui, nous promener à l'Agdal, immense jardin dépendant du palais, tous les hommes occupés aux travaux de culture devaient disparaître ou tout au moins tourner le dos à l'approche de Sidna.

Les ouvriers, même dans la cour des Amusements, s'enfuyaient comme une volée de moineaux quand il apparaissait et ne revenaient que lui parti. Cela lui parut absurde, et quand nous arrivâmes à Fez, il ordonna, de son propre mouvement, que chacun, en sa présence, continuerait à vaquer à ses occupations, sans s'inquiéter de lui, sans le saluer, même. Ce fut là, aussi, l'un des griefs des oulémas et des vieux croyants contre lui. Et comme, d'autre part, pendant quelques mois, tant que l'enthousiasma l'automobilisme, il eut de plus fréquentes occasions de sortir qu'auparavant, on lui reprocha, non sans amertume, de trop se montrer, de ne pas se soucier assez de son rôle d'idole. Ce sera éternellement son sort, au pauvre Empereur, que de voir son caractère débonnaire, sa simplicité en conflit avec des devoirs surannés qu'on ne lui permet pas d'oublier.

Nul n'a le droit, juché sur un trône, de demeurer brave homme!

Mais j'en reviens à ses promenades dans Fez.

La ville est divisée en quartiers dont chacun, indépendant des voisins, ville dans la ville, est clos de murailles. Tout quartier que Sidna devait traverser, au hasard de ses sorties, que ce fût, je le répète, en automobile, ou à cheval, ou à pied, était, au préalable, vidé de toute la population qui l'habitait et qui, obligée d'abandonner sur l'heure ses foyers, ses humbles travaux, allait se réfugier où bon lui semblait, — dans le quartier d'à côté. Pendant tout le temps que durait la tournée impériale, jusqu'au retour, trois à quatre mille personnes étaient ainsi jetées hors de chez elles. Il est bien certain que la popularité du Sultan ne pouvait guère gagner à ces pratiques. Lui, d'ailleurs, ne soupçonnait même pas les inconvénients qu'entraînait pour les pauvres gens chacun de ses plaisirs. Il supposait, de bonne foi, que, lui passé, on rouvrait le quartier, pour le faire évacuer, puisque c'était l'usage, et un usage qu'il réprouvait, au moment de son retour. Mac Lean eut la bonne pensée de le détromper. Il s'emporta bien fort contre les fonctionnaires trop zélés, et défendit qu'à l'avenir le quartier fut fermé plus d'un quart d'heure, au moment de son passage. Mais le mauvais effet était produit.

Les sévères gardiens des traditions faillirent avoir, d'ailleurs, une bien autre occasion de se scandaliser. La locomotive même faillit souiller de son haleine pestilentielle la si pure atmosphère du Maghreb !

Abd el Aziz voulut un chemin de fer — oh ! une réduction de chemin de fer, un pauvre petit chemin de fer départemental, à voie étroite, qui

devait lui permettre d'aller de son palais à ses
jardins de Dar-Dbibar, situés à quatre kilomètres. On commanda au Creusot la voie Decau-
ville, une jolie petite machine et deux amours de
wagons salons, capitonnés, pomponnés, exquis.
On reçut l'avis que tout était prêt, emballé, expédié, puis que tout était débarqué à Larache.
Seulement, vous n'imaginez guère ce que peut
être le transport de pareils colis de la côte jusqu'à Fez. Chargés sur des chariots auxquels on
dut atteler jusqu'à soixante mules, les wagons,
la locomotive et les rails mirent quatre longs
mois à nous parvenir, à travers 250 kilomètres
de pistes en plein désert. Un homme moins im-
patient que Mouley Abd el Aziz en eût perdu la
tête.

La pose de la voie, le montage du matériel
roulant commencèrent tout aussitôt les caisses
ouvertes. Mais, comble de malchance, jamais on
ne parvint à retrouver les roues de la locomotive.
On fit faire des recherches à Larache, on réclama

à la douane, à la compagnie de navigation, aux chemins de fer français, au Creusot ; jamais les les roues ne nous parvinrent.

En attendant, le Sultan décida qu'on le remorquerait au moyen de mules ou de chevaux. Il ne voulait pas davantage attendre, et deux kilomètres de voie, à peine, étaient en place qu'il s'offrit le plaisir de s'y faire promener. Après quoi, satisfait, il oublia son chemin de fer. Les rails en sont aujourd'hui ensevelis profondément. On ne les voit plus, nul n'y songe plus.

La note du Creusot se montait, si j'ai bonne mémoire, à une centaine de mille francs. Mais je n'ose dire à combien cette fantaisie revint à Abd el Aziz.

Il n'en eut jamais, d'ailleurs, qui aient soulevé plus de criailleries : comme pour l'automobile, les conditions mêmes d'établissement de la voie avaient fait le plus gros du mal. Elle traversait, à la sortie de l'enceinte du Palais, un chemin très fréquenté. Naturellement on n'hésita pas un instant, pour satisfaire le caprice de Sidna, à supprimer le chemin, bâtissant au travers des murs élevés qui dérobaient aux indiscrets la vue de ce qui se passait à leur abri. Et cela fit, dans Fez, un joli bruit.

Mais nous eûmes des amusements moins encombrants, moins vexatoires et aussi moins impopulaires.

Par exemple, le lancement de montgolfières, au gonflement desquelles tout le monde mettait la main, depuis Mac Lean qui dirigeait la manœuvre, jusqu'au Menebhy. Je ne parle pas de moi par modestie... Puis un feu d'artifice, qui avait au contraire le mérite d'amuser follement la ville, prenant le frais, la nuit, sur ses terrasses, en même temps qu'il distrayait le Sultan. Car le Marocain raffole de tous les jeux où « parle la poudre ». La détonation des premières bombes annonçant, chaque soir, le commencement de la fête faisait tressaillir d'aise tout Marrakech. Abd el Aziz n'était jamais le dernier à venir prendre sa part du spectacle. Il faillit même, un jour, être victime de l'intérêt qu'il y apportait. Une bombe ayant éclaté malencontreusement dans le mortier qui devait la lancer, des pierres furent projetées en tous sens par l'explosion et arrivèrent jusqu'aux pieds du Sultan, qui s'était approché un peu près. Afin d'éviter le retour d'un pareil accident, nous élevâmes, autour du coin de la cour où nous manœuvrions, une sorte de parapet, de bastion, à l'abri duquel nous pouvions opérer sans danger pour les spectateurs.

Cependant, au bout de quatre mois, les munitions nous manquèrent, avant qu'Abd el Aziz se fût lassé de ce plaisir. On commanda de nouvelles bombes, des fusées, des pièces. Il leur fallut du temps pour venir. Quand elles arrivèrent, nous avions quitté Marrakech pour Fez; d'autres préoccupations hantaient le Sultan, et le « chef artificier » avait été licencié.

Abd el Aziz aime aussi fort le billard. A Marrakech, sa salle de billard était assez peu conforta-

blement installée, sous une tente, contre la véranda du Palais, au fond de « notre » cour. A
Fez, ce fut plus luxueux. Le billard, ici, était
richissime, tout marqueté, tout doré, et son lus-
tre lourd et compliqué déversait sur le tapis vert
l'éblouissante lumière des lampes électriques.
Quelqu'un avait même apporté au Palais, contre
espèces, je pense, un cocasse meuble de salle à
manger, table et billard tour à tour, joujou à
l'usage des personnes logées à l'étroit, tandis que
le dressoir enfermait dans ses tiroirs des jeux de
billes, et abritait derrière la glace qui le surmon-
tait un marqueur et un ratelier pour les queues.
Je dois dire, en passant, que le marqueur avait
pour Abd el Aziz une grande importance, et
conter une historiette qui attestera encore une fois
sa bonhomie. Il avait remarqué ou cru remar-
quer, que, comme de vils courtisans que nous
étions, et afin de le faire à tout coup gagner,
nous oubliions quelquefois de compter nos propres points, alors que nous lui en attribuions

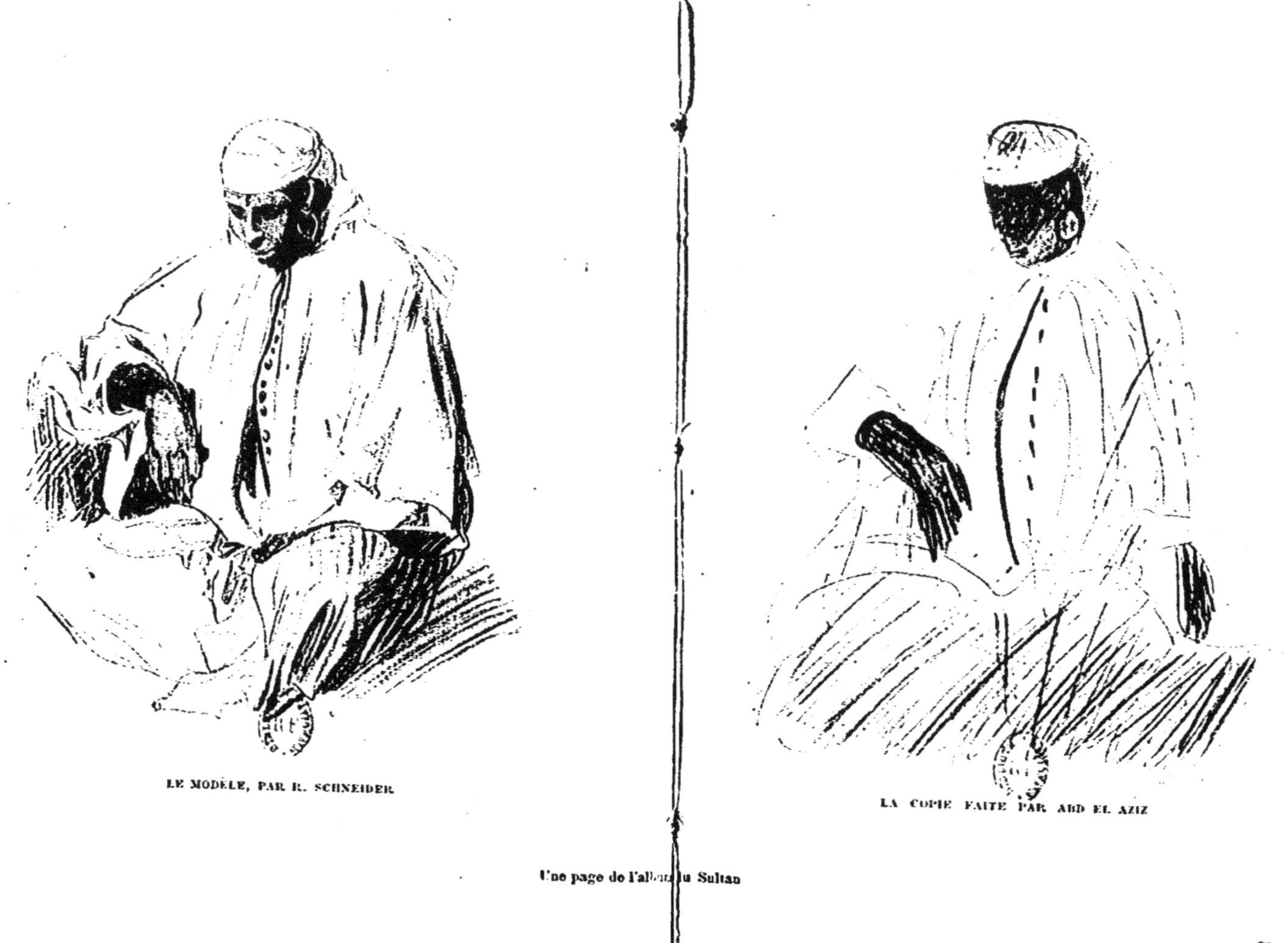

LE MODÈLE, PAR R. SCHNEIDER

LA COPIE FAITE PAR ABD EL AZIZ

Une page de l'album du Sultan

sournoisement quelques-uns qui ne lui revenaient pas. Il s'en fàcha, et me demanda si je ne
pouvais pas lui installer un marqueur électrique
qui sonnerait chacun des coups. Je le fis, et il
devint impossible de tricher, même pour des
motifs inavouables, comme la basse courtisanerie.

Si je parle maintenant de choses plus sérieuses
qui captivèrent aussi l'esprit du Sultan, en dehors
de ces purs amusements, comme la téléphonie,
la télégraphie, l'électricité, c'est que toutes les
curiosités qui le poussèrent à vouloir connaître
nos inventions modernes prirent naissance, en
somme, dans cette cour des Amusements dont
mon laboratoire, mes ateliers n'étaient pour
ainsi dire que des annexes.

Le jour où j'eus terminé l'installation de la première ligne téléphonique de Marrakech — elle
allait de la salle de billard à mon atelier, — j'en
avisai Abd el Aziz : il se rendit à la salle de
billard, et je lui présentai, de l'atelier, mes hom-

mages. Aux premiers mots qu'il avait entendus, il avait lâché les récepteurs et accourait émerveillé vers moi. Il voulait, à son habitude, des explications, et je dus démonter devant lui l'appareil, lui en montrer le fonctionnement, lui faire toucher les microphones, voir les organes cachés.

Toujours il s'efforçait ainsi de comprendre, de savoir le pourquoi des choses. Sa curiosité était parfois malaisée à satisfaire. Je fus fort embarrassé, par exemple, ce jour où, au cours d'une séance de cinématographe, il me demanda à quoi pouvait bien servir la tour Eiffel, que je lui avais montrée parmi les vues de la dernière Exposition. C'est une question que se sont posée, depuis tantôt vingt ans, bien des Français sans être encore parvenus à y répondre de façon plausible

— A quoi bon, disait-il encore, devant les palais de la Foire du Monde, à quoi bon édifier de si belles constructions, pour les détruire six mois après?

Et il se demandait aussi comment, puisque je lui disais qu'on n'avait mis qu'un an ou deux à bâtir et aménager tout le Champ de Mars, les arbres des jardins avaient pu pousser en si peu de temps.

Lorsque la télégraphie sans fil fut à l'ordre du jour, je lui en parlai. J'entrevoyais, dans un avenir plus ou moins lointain, la possibilité, peut-être, d'installer quelques postes dans le pays.

Il me semblait qu'on pouvait utilement, par ce système, relier entre elles les principales villes du Maroc, les mettre en communication avec la côte, et cela sans les travaux longs et coûteux qu'entraîne la pose d'une ligne, toujours exposée, ensuite, aux déprédations, aux entreprises malveillantes des indigènes. Abd el Aziz me commanda de lui installer un petit poste d'expériences dans le Palais. Et, bien entendu, quand ce fut fait, il me fallut lui expliquer comment l'appareil fonctionnait, lui exposer, *grosso modo*, la théorie des ondes. Alors il lui parut qu'en se plaçant entre les deux stations, sur le passage du courant, on devait ressentir la secousse électrique, comme il l'avait éprouvée en prenant les électrodes d'une bobine de Ruhmkorff; et tandis que j'expédiais des signaux en sa présence, il étendit la main, pour vérifier.

L'électricité, avec ses applications si variées, a toujours vivement intrigué le Sultan.

A Marrakech, nous avions une installation de fortune, assez rudimentaire, une petite dynamo actionnée par un moteur à essence, et une batterie réduite d'accumulateurs. Elle suffisait pourtant à éclairer tout le Palais.

Jamais, avant le jour où cet embryon d'usine alluma la première lampe, Abd el Aziz n'avait, naturellement, vu de lumière électrique. Il en apprécia tout d'abord la commodité. Mais il ne pouvait parvenir à comprendre comment cette lumière s'en allait rayonner à distance dans ses appartements, dans le Palais entier. Il se tint pour satisfait, cependant, quand je lui eus dit

que les fils qui couraient le long des murs étaient
de simples tuyaux par où s'écoulait le fluide,
— explication en somme assez conforme à la
bonne théorie.

A Fez, par exemple, nous eûmes une usine
complète, joliment aménagée, toute décorée de
faïences chatoyantes et pourvue de machines
excellentes. Abd el Aziz s'y complaisait, s'amusant à mettre en route les moteurs, à manipuler
les manettes, fort adroit, toujours, et vite au fait
de l'usage des différents organes. Adossée à
l'atelier de photographie, l'usine est située dans
un des jardins ; mais c'est encore par son
origine, comme par sa destination, une dépen-
dance de la cour des Amusements, du quartier
européen du palais.

Comme on l'a vu, c'est plus spécialement pour
apprendre au Sultan la photographie que j'avais
été mandé à Fez. Il avait, comme je l'ai dit,
ambitionné d'abord de faire de la peinture, et
on lui avait donné M. Schneider, peintre amé-

ricain, comme professeur. Mais l'art est difficile !

Abd el Aziz le vérifia bien vite, pour sa part.
Il s'entêta, pourtant, avec une persévérance qui
ne lui était guère habituelle et qui aurait mérité
un meilleur résultat. Les premiers temps de
mon séjour, M. Schneider lui donnait chaque
jour sa leçon, dans notre cour, toujours, et le
faisait travailler sur nature. Plus exactement,
c'est l'artiste qui dessinait et qui, à la demande
du Sultan, croquait rapidement sur son album
un sujet désigné, un esclave au travail, un coin
de bâtiment, un mouflon gambadant. Abd el
Aziz emportait l'album pour recopier le sujet
dans ses appartements. Mais il était moins doué
que l'impérial peintre du *Péril jaune*, tant s'en
faut. Il m'a fait présent de l'un de ses cahiers
de croquis, que je conserve précieusement. On
y peut suivre ses lents progrès.

Au début, après les premiers essais — pénibles ! — de reproduction des croquis de

M. Schneider, il s'aperçut que ces croquis se décalquaient sur la page blanche d'en face. Sans s'inquiéter de ce que l'image ainsi imprimée légèrement se présentait en sens inverse du modèle, il s'appliqua à en repasser les traits avec soin, sûr au moins d'un résultat, de cette façon. Enfin, sur les objurgations de M. Schneider, qui eût ardemment désiré que son élève lui fît honneur, il s'exerça à reproduire exactement les dessins du professeur et, souvent, des barbouillages furieux, des coups de crayon barrant son œuvre trahissent le vif dépit qu'il éprouvait de n'y pas réussir comme il eût voulu. Tant de difficultés le rebutèrent. Il lâcha délibérément le dessin pour la photographie.

Je crois bien, et je n'y mets nulle vanité, que, de tous les passe-temps auxquels, tour à tour, il s'est adonné, c'est celui-là qui a le plus longtemps amusé Abd el Aziz et lui a donné le plus de satisfactions.

Il y était devenu d'une rare habileté, et les

quelques épreuves de clichés pris par lui que je donne parmi les illustrations de ce volume, montrent que je n'exagère rien. Il ne se contentait pas, comme tant d'amateurs, et même d'amateurs impériaux ou royaux, de « pousser le bouton », de déclancher l'obturateur. Il voulut être initié à toutes les manipulations délicates du laboratoire.

Je vous ai déjà dit de quels appareils compliqués, énormes, ruineux un pourvoyeur peu renseigné l'avait encombré avant ma venue. Ils ne lui suffirent pas et, dans son enthousiasme pour un art qui l'enchantait, il rêva d'un appareil extraordinaire, sans égal. Le petit vérascope, si commode à manier, si pratique, avait surtout conquis sa faveur. Il voulut que je lui en fisse construire un tout en or, et le voulut si impérieusement que, bien que me rendant compte pourtant des difficultés d'un pareil travail, je me mis en devoir de lui donner satisfaction. Il eut son vérascope, construit spécialement à

DEUX DES FEMMES DU SULTAN
clichés aux « trois couleurs » de Sa Majesté Chérifienne

Paris par des ouvriers habiles, tout en or marqué du poinçon du contrôle français, et où les ressorts seuls étaient d'acier, d'acier doré : une fantaisie de vingt-cinq mille francs, je crois.

La photographie ordinaire, déjà pourtant bien compliquée et féconde en ressources, ne lui suffit pas et, quand il entendit parler de la photographie en couleurs, il désira s'y exercer aussi. Je lui enseignai le procédé aux trois couleurs, et, quand il en fut maître, il passa de longues journées, enfermé dans son harem, à photographier ses femmes. Car, au fond, c'était bien là son ambition que de fixer leurs traits.

Il les fit se parer de leurs atours les plus voyants, de leurs bijoux, colliers, bracelets, aigrettes ; il les plaça devant des fonds d'éclatants tapis, disposa autour d'elles, sur la table drapée de violentes étoffes, des fleurs artificielles, baroques, criardes, et chercha enfin à réaliser les tableaux les plus colorés qu'il pût former. Il obtint souvent de très jolis clichés. On en a une idée par ces portraits de ses favorites qui sont son œuvre et qu'on voit malheureusement, ici, dépouillés du charme que leur donnait la couleur.

Enfin, vous ne connaîtriez pas tous les joujoux du Sultan si, avant de quitter cette cour des Amusements où, très probablement, nous reviendrons, je ne vous présentais encore l'un des familiers de Sa Majesté.

Pas de festins, jamais de cour, pas de bouffons,

dit le poète, pour mieux attester l'austérité d'Aranjuez ou de l'Escurial sous le fils de Charles-Quint. Mouley Abd el Aziz, moins taciturne que Philippe II, a son fou. Peut-être est-ce le seul des souverains du temps présent qui ait près de lui cet accessoire de drame romantique. C'est beaucoup plus par hasard que par souci des traditions, vous l'allez voir.

Ne vous représentez point, toutefois, Si Ali Blot sous les espèces d'un nain cagneux, dif-

forme, effronté et autorisé à toutes les audaces.
Il a la figure joviale, le teint basané, et la fantaisie du Sultan l'affuble quelquefois de défroques assez hétéroclites : souliers à l'européenne, uniformes envoyés comme échantillons par quelque fournisseur d'équipements militaires en quête d'une commande pour l'armée. Mais il est d'assez belle taille et normalement constitué, gaillard plutôt solide.

Il était naguère le chef d'une bande de musiciens qui, à Marrakech, venaient chaque jeudi jouer devant le Sultan et ses femmes et les distraire un moment, car ce jour-là est en quelque sorte un jour férié où, le palais fermé à tout étranger, le Maître se consacre entièrement aux joies domestiques.

Abd el Aziz remarqua cet homme, soit que sa mimique, ses grimaces, tandis qu'il dirigeait son petit orchestre, l'amusassent, soit que sa figure lui fût sympathique. Il lui parla. L'autre, en verve, le fit rire par quelques saillies heureuses.

Il n'en fallut pas davantage. Si Ali Blot lâcha sa bande et demeura au Palais.

Le Sultan, tout d'abord, le débaptisa, si je puis dire, et le dénomma *Fourach* — mot qui signifie : Quand?

A Marrakech, la même conjonction se traduit par *yemta?* Et c'était ce mot qu'employaient toujours là-bas le Sultan et ceux de son entourage. A Fez, on dit : *fourach?* ; et Si Ali Blot, qui venait de Fez, très questionneur de sa nature, faisait une extraordinaire dépense de « fourach? ». Abd el Aziz s'en amusa et l'appela *Fourach*. On ne le connaît plus que sous ce nom.

Fourach, donc, est en somme très libre de langage, même vis-à-vis du Sultan. Pourtant, le respect que doit tout croyant au Chérif, au descendant sacré du Prophète lui interdit la trop grande familiarité, et rogne souvent les ailes à ses facéties. Bien certainement, il ne se permet pas à lui-même tout ce que le Sultan lui passerait à l'occasion.

Quant à Abd el Aziz, il fit parfois à son fou quelques plaisanteries assez rudes : ainsi ce jour où, le voyant juché sur un tricycle à pétrole, dont il ignorait absolument le maniement — mais il avait l'ambition, la manie de singer tout ce qu'il nous voyait faire, — il mit la machine en mouvement, et, au risque de briser, au bout de la course, l'homme et l'engin, il les envoya tous deux piquer droit dans le mur du fond de la cour. Le pauvre Fourach, désarçonné, était affolé, et, redoutant d'avoir déplu à Sidna, persuadé que celui-ci l'avait voulut châtier, poussait des cris pitoyables et suppliait qu'on ne le tuât pas. Les grands éclats de rire du Sultan, enchanté de la farce, le rassurèrent. Abd el Aziz s'amusait un peu plus cruellement qu'à son ordinaire, voilà tout.

Fourach, le malin Fourach a d'ailleurs maintes occasions de se rattraper, et c'est sur les amis du Sultan qu'il prend en général ses revanches, n'osant, en sujet respectueux, s'attaquer au Maître lui-même. Il me souvient d'un tour assez amusant qu'il joua ainsi au Menebhy.

Il avait commencé par se lamenter sur la solitude où il vivait.

Pas une esclave, pas une femme, « ce doux serviteur de ceux qui n'ont pas de serviteur ». Cette situation commençait à lui peser.

— Au moins, dit-il au Sultan, en matière de conclusion, si tu avais un ministre de la guerre un peu généreux, est-ce que, lui, si riche, il n'aurait pas eu pitié de moi, et ne m'aurait pas pas déjà donné une femme !...

Abd el Aziz partit de rire, amusé de la boutade.

Il était du devoir de Si Mehedi de la trouver bonne aussi, et d'y répondre galamment.

— Mais que n'as-tu parlé plus tôt? répondit-il au bouffon. Demain, demain matin, viens chez moi, et tu choisiras.

Fourach eut ainsi son esclave, — sa première

esclave, car il ne devait pas s'arrêter en si beau chemin.

Le surlendemain de cette scène, le Sultan l'interrogeait sur la façon dont il avait passé sa nuit de noces.

Il eut une moue comique, regarda Sidna, puis El Menebhy, et entama un récit qui fit se pâmer le Sultan.

Ce récit, je ne suis pas assez sûr de n'être lu que par des dragons pour le rapporter ici, ne tenant à faire naître au front de personne une rougeur même légère... Enfin... Si Ali Blot se plaignait que l'homme magnifique qui l'avait pourvu d'une épouse eût inculqué préalablement à celle-ci des habitudes si contraires à l'ordre naturel des choses qu'il pourrait difficilement, à moins qu'il ne parvînt à la guérir de cette perversion, se vanter qu'elle lui donnât jamais le moindre héritier.

Abd el Aziz ne pouvait offrir à son facétieux Fourach qu'une consolation. Il la lui donna galamment, et l'invita à choisir, dans son propre harem, mieux tenu, une seconde esclave. Et Fourach eut deux femmes, le commencement d'un harem!

LE SULTAN APPRENANT L'ESCRIME AU SABRE
AVEC LE LIEUTENANT ANGLAIS N. VERDON

LA PROMENADE DU SULTAN AU BORD DE L'AGDAL, A MARRAKECH

La vie au Palais.
Une journée du Sultan.

Autrefois, lorsqu'aucun événement grave ne venait troubler leur tranquillité, les sultans du Maroc habitaient tour à tour, de deux en deux années, chacune de leurs capitales, Fez et Marrakech. Après l'avènement d'Abd el Aziz, Ba Hamed, inquiet de la réception qui leur serait faite, à lui et au jeune empereur sa créature, par cette ville où avait été arrêté, par son ordre, Mouley Mohammed et qu'il savait demeurée fidèle, dans l'âme, au prince dépossédé du trône, n'osait pas y venir. Plus tard, le tyrannique grand-vizir disparu, El Menebhy, pour d'autres raisons, retint aussi longtemps qu'il put le Sultan à Marrakech.

Il n'était pas rassuré, non plus, sur l'accueil que
lui réservait à lui, petit soldat parvenu aux honneurs, Fez, ville des vieilles traditions politiques
et religieuses, très entichée de préjugés aristo-
cratiques. Pourtant, Abd el Aziz, qui avait passé
son enfance à Fez et qui gardait un souvenir
enchanteur de son beau palais aux jardins tra-
versés d'eaux vives, aspirait ardemment à y revenir et le Makhzen partageait ce désir. Pendant
de longs mois, Si Mehedi résista aux souhaits du
Sultan et à ceux du Makhzen. Enfin, il dut céder,
et, à la fin de 1901, Abd el Aziz rentrait à Fez, où
il est toujours demeuré depuis. Ce n'est pas, d'ailleurs, qu'il ne regrette, je crois, sa chère Marrakech,
où il a coulé de si heureux jours, et le palais vide
et muré — car dès que le Sultan quitte sa rési-
dence, on en maçonne toutes les issues, à
l'exception d'une porte où veille un garde, — abandonné désormais aux rats et aux colombes. Seulement, les circonstances ont été plus fortes que
ses vœux. Mais, à Fez comme à Marrakech, sa vie

s'écoule à peu près dans le même décor, moins agréable, plus morose là qu'ici, voilà tout.

Evidemment, personne ne saurait s'imaginer qu'il puisse exister la moindre ressemblance entre les palais du Sultan du Maroc et un Louvre ou un Buckingham. Le mot de château, qu'on appliquait d'ailleurs autrefois aux Tuileries mêmes, serait plus exact pour dénommer ces assemblages étranges et fantaisistes comme plan, de constructions, de parcs, de jardins et de cours. Ce sont de grands villages où les bâtiments viennent, au hasard, s'accoler aux bâtiments, disparaissent, s'effrondrent, repoussent un peu plus loin tout neufs, séparés par des espaces libres qu'on plante ou qu'on déplante, suivant les caprices du Maître habilement aiguillés par les suggestions des intendants toujours à l'affût du petit bénéfice que leur procure immanquablement chaque travail nouveau.

Des murailles crénelées, hautes de huit à dix mètres, entourent tout cela. A Marrakech, je suis sûr qu'elles n'ont pas moins de quinze kilomètres de développement. La seule partie nommée l'Agdal, jardin réservé au Sultan, est un parc immense et au milieu duquel on a aménagé un étang d'une telle superficie que feu Mouley Hassan pouvait à son aise s'y livrer aux plaisirs du yachting à vapeur : le petit bateau est toujours là, inutilisé, qui se rouille et pourrit.

L'enceinte, avec ses courtines, ses créneaux à la mauresque, pourrait au besoin s'armer. Elle est actuellement veuve de sentinelles, et seuls, de place en place, des gardiens veillent à ses portes. Pauvres diables! Ils n'ont parfois pas même une guérite pour s'abriter. Ils doivent pourtant demeurer à leur poste nuit et jour, et on leur apporte sur place leur maigre pitance. Ils s'installent comme bon leur semble. A eux de se débrouiller! Ils chapardent quelque part un matelas ou seulement de quoi en faire : de la paille, de la laine, un lambeau d'étoffe, de vieux tapis; ils chipent des planches, se construisent une cahute sommaire et les voilà logés quelquefois pour des années !

Extérieurement, tout cet ensemble n'a nulle prétention architecturale. Ce sont de brutales maçonneries, des murs assez grossiers, même dans les cours, où demeurent visibles les trous laissés par les échafaudages qui servirent à les édifier, parfois même des poutres oubliées. En revanche, les intérieurs, avec leurs parvis de belles mosaïques fraîches aux pieds, leurs revêtements de céramiques multicolores, leurs précieuses sculptures fines comme des dentelles, où courent ces belles inscriptions en lettres arabes, dorées et peintes, si décoratives, sont vraiment luxueux et plaisants.

Mais, dans tout cela, pas de chambre royale, pas d'Œil de Bœuf où les courtisans viennent, le matin, assister au petit lever. Le Sultan habite tantôt ici, tantôt là. Une fantaisie qui lui vient, la nécessité de faire, dans les appartements qu'il occupait, quelque réparation, et il se transporte, avec ses femmes préférées, dans un autre coin du Palais.

Pas non plus de salle du trône. Pas même de trône. Le Sultan, on l'a vu, reçoit familièrement ceux auxquels il marque quelque bienveillance dans la cour même des Amusements. Quant aux audiences solennelles, réceptions d'ambassadeurs ou de personnages officiels européens, pendant longtemps elles eurent lieu, à l'ordinaire, dans la grande cour d'honneur, le *Méchouar*.

A Fez, les jardins sont une des curiosités du Palais. Ils ont été créés ou plutôt redessinés sous la direction du caïd Mac Lean, secondé par un horticulteur appelé de Londres, et des sommes énormes y ont été englouties.

Le Palais, situé à l'extrémité de la capitale, au seuil de la plaine, est traversé par la rivière, l'*oued* Fez, affluent du Sébou, qui, subdivisé en quantité de ruisseaux, de rigoles, de canaux d'irrigation, y dispense sa fraîcheur et permet d'entretenir sans trop de difficulté de belles verdures.

Ce Le Nôtre anglais amené par Mac Lean avait,
comme l'autre, le précurseur, le goût des arran-
gements géométriques. Son œuvre a toute la
monotonie des parterres de Versailles, à défaut
de leur décorative majesté.

Les allées, prolongement des corridors du Palais, sont toutes dallées, comme eux, de carre-
lages noirs, sertis de mosaïques très colorées,
chatoyantes. Elles circulent en carrés, en losan-
ges, en arcs de cercle, en étoiles, entre des parterres bordés de tuiles arabes, vertes, vernissées,
remplaçant les buis et les gazons. Et, naturellement, on n'a eu garde d'oublier, en bonne place,
le tennis. Tout cela nu, sans ombrages, pour le
moment.

Que de folies pour arriver à ce beau résultat!
Un juif quelconque qui fréquentait au Palais
réussit un jour à persuader au Sultan d'essayer
pour ses jardins d'une décoration dont il avait
l'idée, et dans laquelle des coquillages marins
jouaient un rôle important. On envoya quérir à

dos de mulets à Safi, port au sud du Maroc, des coquilles de tous genres, des petites pour en joncher les allées, des grosses destinées à remplacer les tuiles vertes dans la bordure des parterres. Quatre Espagnols furent appelés pour mener à bien le travail d'ornementation. Il n'était pas plutôt achevé qu'un autre personnage avait démontré à Abd el Aziz l'impérieuse nécessité d'avoir une salle des Ambassadeurs. On arrêta les frais du jardin de coquillages à 400 000 francs, et, sur son emplacement, on commença les travaux de la salle des Ambassadeurs.

Et dans ce palais mouvant, sans cesse en transformations, en réparations, c'est ainsi toujours. Un intendant présente au Maître un plan qui lui sourit. On commande en Europe et sur place tout ce qu'il faut pour l'exécuter. Les poutres, les sacs de chaux, la ferraille arrivent à profusion. Très vite d'abord, on attaque les travaux; on les poursuit avec moins d'ardeur, et puis on les continue tout doucement. L'intérêt qu'y

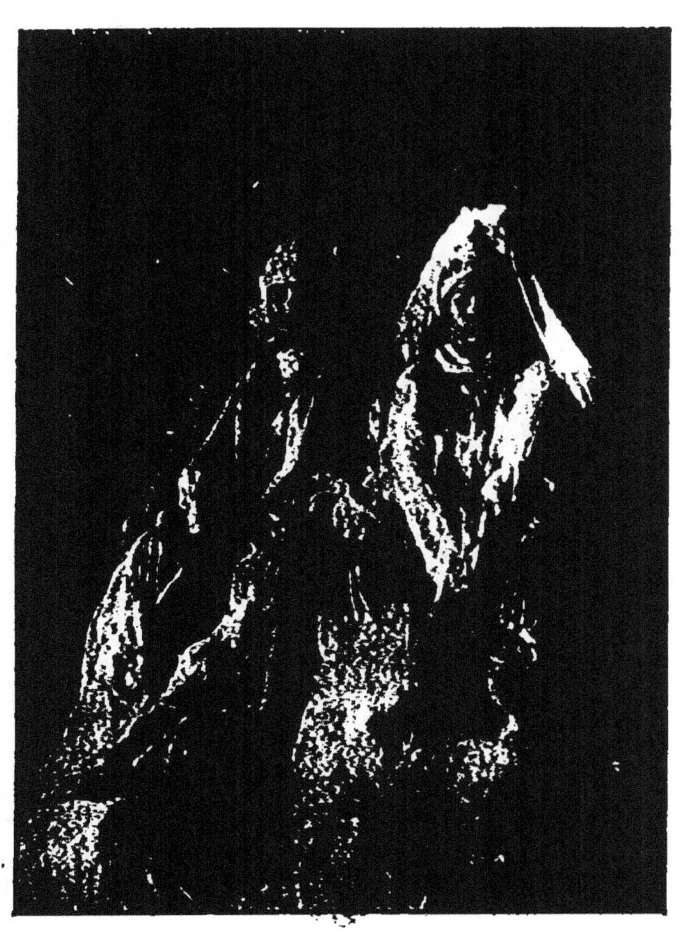

MATRONES NÉGRESSES DU SULTAN
CHARGÉES DE LA SURVEILLANCE DE SES FEMMES
photographiées par Sa Majesté Chérifienne.

prend le Sultan diminue, se lasse. Alors, qu'un autre personnage — ou le même — ait une autre idée, qui plaise à Sidna, de jardin plus féerique ou de salle de réception plus somptueuse, et un beau matin on ordonne la démolition de ce qui est construit déjà, ou, plus simplement, on rappelle les charpentiers et les maçons sur un autre point, laissant au temps le soin de défaire leur ouvrage. On a commandé, du même coup, d'autres matériaux plus choisis, plus coûteux. Le but que visait l'inventeur de la construction nouvelle est donc atteint : il a encaissé ses commissions. Les millions ainsi gâchés, qu'on serait bien aise maintenant de les retrouver! Pour un oui, pour un non, on déplaçait des bandes d'ouvriers à n'en plus finir. Un matin qu'on procédait à je ne sais quelle réparation sans importance, à mon atelier de Marrakech, j'en comptai cinquante-trois, affairés, travaillant à terre, sciant, rabotant sans un établi. Tout à coup, on annonça le Sultan. En un clin d'œil, ils avaient disparu avec leurs outils. Sidna pouvait venir, son regard ne rencontrerait rien qui le blessât.

De la salle de billard, on avait un panorama assez complet de la partie du palais de Fez qu'occupait alors le Sultan.

Sur la gauche, à l'avant-plan, s'étendait le tennis aménagé par Mac Lean, précédant un jardin, l'ancien jardin de coquillages. Au fond, la fameuse salle des Ambassadeurs. A droite un toit de tuiles en pente abritant la ménagerie. Au delà, une sorte de dispensaire ou d'infirmerie où, chaque jour, le docteur Jaffary, le très distingué médecin attaché à notre mission militaire, venait donner ses soins dévoués aux femmes du harem qui en avaient besoin, car, pas plus qu'aucun homme, il ne pénétrait dans les appartements réservés, sauf quand il s'y trouvait quelque malade gravement atteinte et incapable de se rendre à sa consultation; auquel cas le Sultan en personne l'accompagnait au chevet de la patiente.

La partie médiane de ce panorama, qui est re-
produite ici, est dominée par le minaret de la
mosquée particulière où le Sultan, ses femmes,
ses eunuques vont prier, et le corps de bâtiment
coiffé de toits de tuiles à l'européenne est celui
qu'habite le Sultan. En avant s'étagent les jardins. On y distingue, au centre de la première terrasse, une sorte de vilain bâtiment
carré, tout vitré. C'est le reliquaire qui protége
un cadeau de l'empereur Guillaume II — déjà!
— un nigaud de joujou allemand, une fontaine
à parfums débitant, comme vous pensez, de l'eau
de Cologne à gros jets, au milieu d'un décor bien
bébête de rocailles, enguirlandées de fleurs artificielles aux cœurs illuminés d'ampoules électriques. L'objet, d'ailleurs, n'a jamais fonctionné.
Il demeure là, sous globe, inutile, encombrant.
M. de Tattenbach l'a pu voir, et peut-être aura
eu la générosité, pour le compte de son auguste maître, de le faire réparer!

Enfin, tout au bout des jardins inachevés, vers

la droite, en dehors de ce cliché, se trouvent mon atelier, mon laboratoire de photographie, juste en face de la salle de billard.

Mais ce n'est là qu'une bien faible partie de ce qu'enferme l'ancienne enceinte crénelée; c'est la plus récemment aménagée, la dernière venue dans la faveur impériale. En deçà, au delà, tout autour, que d'enclos à demi déserts, abandonnés! que de kiosques, de maisonnettes dont les faïences s'effritent! de portiques dont les piliers se désagrègent! que de cours aux pavés disjoints, d'allées aux mosaïques creusées de grands trous! Car désormais l'argent manque pour entretenir tout cela. On n'en a plus même pour des folies nouvelles!

Trois mille personnes vivent dans ce palais.

D'abord, la mère d'Abd el Aziz, Lalla Rekia, avec son plus jeune fils, un enfant de quinze ans; puis le captif Mouley Mohamed et les trois autres frères aînés du Sultan, qu'il reçoit chaque semaine et auxquels il assure une existence assez dorée. Eux, d'ailleurs, de leur côté, savent user à merveille de leur crédit réel ou supposé auprès de lui, pour se procurer le superflu en s'intéressant à un tas d'affaires productives. Ensuite, les femmes de l'ancien Sultan, et peut-être quelques concubines de l'avant-dernier, car toute femme ayant approché le Chérif ne peut plus quitter le Palais que pour la tombe. Enfin, les femmes mêmes et les esclaves d'Abd el Aziz. Il en a deux cents au-dessous de vingt ans, m'a-t-on assuré, et une douzaine, ses préférées, vivent dans ses appartements, près de lui.

Mais Abd el Aziz n'est pas légitimement marié. Et non plus, quoi qu'en dise l'almanach de Gotha, il n'a pas, à ma connaissance, d'héritier. J'ai de bonnes raisons même pour croire qu'il n'en désire point avoir, et j'en ai pour preuve une conversation très significative que j'eus, avec lui, au sujet du mariage et de ses conséquences naturelles, morales. J'étais tout jeune époux, alors, et il voulait bien s'intéresser de temps en temps à mon petit foyer.

— Tu n'as pas encore d'enfant? me demanda-t-il?

— Non, Sidi, lui répondis-je.

— Espères-tu en avoir?

— Oui, s'il plaît à Dieu!

Il paraissait surpris de ce désir sincère exprimé simplement. Il me posa encore de nouvelles questions, s'enquérant si tout le monde, chez moi, en France, pensait comme moi, — hélas!... — s'il n'y avait pas, au contraire, des gens qui redoutaient la paternité, et à quels moyens ils recouraient pour éviter ce devoir.

— Chez nous, dit-il enfin, quand on ne veut pas d'enfants, on fait mâcher aux femmes de l'or pur.

Et de tout le ton de cette conversation, il ressortait clairement qu'on devait, en son harem, mâcher ainsi beaucoup d'or pur.

Mon excellent ami le docteur Jaffary pourrait peut-être, s'il n'était retenu par le secret professionnel, donner à cet égard de piquants détails.

Non, Mouley Abd el Aziz n'a pas d'héritier, je pense. Et il n'en désire pas. Il jette sur l'avenir un œil assez mélancolique, et les soucis qu'il connaît, il paraît peu envieux de les léguer à un fils. Il a conscience que le Maroc court vers des destins nouveaux, qui l'inquiètent. Il sent qu'il en aura été le dernier vrai souverain. Recueille qui voudra ce fantôme de pouvoir qu'il laissera après lui! Mieux vaut que ce ne soit pas un enfant de sa chair.

Au surplus, dans l'existence d'Abd el Aziz, la femme ne joue pas un rôle bien important. Ce n'est pas un sensuel, tant s'en faut. Il n'a autant de femmes, sans doute, que parce que cela aussi fait partie de ses devoirs souverains, de son rôle. Et puis, elles lui sont un excellent public, à qui montrer ses petits talents. Dès que nous lui avions apporté, les uns ou les autres, quelque joujou nouveau, fait connaître quelque tour, il rentrait bien vite chez lui le montrer à ses compagnes favorites.

Non seulement il les a beaucoup photographiées, mais il leur appris à opérer elles-mêmes, et elles s'en tirent fort joliment, ma foi. Il leur donne des séances de cinématographe, et c'est par ce moyen qu'il les a initiées à quelques-uns des mystères de la vie européenne, les a fait voyager chez nous. Au début, je fus appelé au harem, une seule fois, pour diriger la première séance. On m'avait dissimulé derrière un paravent japonais. De là je ne pouvais voir que le mur blanc, en face de moi, formant un écran à souhait, et personne non plus ne me voyait. J'entendais seulement, au delà du fragile rempart de soie, les rires étouffés et les chuchotements des femmes. Mais quand je commençai à projeter des vues, quelques-unes des mystérieuses spectatrices, intriguées, s'approchèrent, se jetèrent au devant du mur pour le toucher et s'assurer s'il ne remuait pas.

Elles montent à bicyclette, et Abd el Aziz les a cinématographiées se livrant à cet exercice. Elles sont chauffeuses, et le Sultan lui-même leur a appris à conduire d'abord les tricycles à pétrole, puis l'automobile. Ah! si les vieilles sultanes aperçoivent de loin ces divertissements, quelle ne doit pas être leur surprise, leur indignation! Oh! temps où la reine Berthe filait!

Mais tout ce côté de la vie intérieure du Palais, son intimité, nous est à peu près complètement inconnue, et nous ne voyions le Sultan que hors de ses appartements. Nous le voyions chaque jour, sauf le jeudi où le Palais était fermé et où, comme je l'ai dit, Abd el Aziz passait la journée avec ses femmes et ses proches, en famille.

Les premiers temps, à Marrakech, il nous recevait en audience chaque matin. A demi allongé sur un canapé, en avant de la véranda qui formait le fond de la salle de billard, dans la cour des Amusements, il nous attendait. Nous arrivions en sa présence en corps, Mac Lean, son lieu-

tenant Verdon, le peintre Schneider, moi-
même, tous les « Européens », enfin, et l'entrevue, au début du moins, gardait une certaine
solennité. Peu à peu l'étiquette se relâcha.

Maintenant, dès le matin, vers neuf heures,
après qu'il a donné ses soins aux affaires de
l'État — et c'est en général assez bref, — le Sultan vient dans notre cour. Nous vaquons tous,
déjà, à nos occupations. Autour de nous, les
Marocains, fonctionnaires, gens du Palais, esclaves, jouent, boivent du thé, fument.

Pour arriver jusqu'à nous, après avoir suivi
un assez long trajet, Abd el Aziz doit franchir un
couloir voûté, coudé deux fois à angle droit, à la
façon de certains passages de fortifications, et
que deux portes massives, retenues par des ver-
rous dont chacun pèse bien cinquante kilogram-
mes peut-être, ferment à ses extrémités. Le grin-
cement du verrou de la première porte annonce
son arrivée, et le caïd posté dans la cour près de la
porte extérieure s'apprête de son côté à l'ouvrir.

— Sidna ! crie-t-il (Notre Seigneur).

Le cri, répété de bouche en bouche par les portiers, les esclaves, se répercute au loin dans le Palais, qui apprend ainsi que le Sultan sort. Puis avec un grand fracas de ferrailles, le second verrou glisse, la porte tourne sur ses gonds massifs.

Alors tous les désœuvrés qui jouaient, buvaient ou fumaient accroupis sur leurs talons, se lèvent, cachent en toute hâte les jeux, les tasses, les petites pipes noires, jettent là leurs babouches, leurs savates, et, pieds nus, rangés contre le mur, attendent l'arrivée du Maître.

Et Sidna apparaît, tout blanc, dans les plis amples de sa *djellaba* de fin drap, d'une blancheur éblouissante, au milieu de laquelle tranchent seulement, aux pieds, les babouches jaune citron, que le Sultan ne met jamais deux fois, et au front, sous le capuce de la *djellaba*, sous le turban de soie blanche, l'étroit liséré rouge du fez enfoncé sur les sourcils.

— Que Dieu préserve les jours de notre Maître, crie à haute voix le caïd de la porte. Et tous, comme un répons de litanies, répètent ce souhait, tandis que le favori — c'était autrefois El Menebhy ; aujourd'hui, c'est Omar Tazi — qui se tenait dans une *beneka*, une sorte de petit bureau, de logette donnant sur la cour, s'avance vers le Sultan, le front baissé, et va lui baiser l'épaule, en murmurant à son tour : « Que Dieu préserve mon maître ! »

Mon atelier étant le plus rapproché de la porte par où il arrive, c'est généralement moi qui ai l'honneur de la première visite d'Abd el Aziz. Je l'accueille avec un salut militaire en lui disant : « *Nama, Sidi* » — « Commande, Monseigneur ! »

Il va, vient, interroge, s'inquiète de savoir si l'on nous a apporté quelque chose d'intéressant, colis, machine, appareil, et quand je n'ai rien de nouveau à lui montrer, très souvent vient fouiller dans mes poches, pour y chercher quelque pro-

spectus, il ne sait quoi. Les images l'intéressent
fort, et quand le courrier m'a apporté mon *Illus-
tration*, il faut que je lui en explique chaque gra-
vure par le menu. Et ce sont des questions à n'en
plus finir, des pourquoi, des comment interminables.

L'été, le plus souvent il demande un morceau
de la glace que je lui fabrique et qui a remplacé
celle qu'à grand renfort de mules, on lui apportait
autrefois de l'Atlas, et il le croque en bavardant.

Mais si, d'aventure, il nous est survenu quelque caisse de France, alors c'est la grande joie.
On l'a ouverte, mais on s'est bien gardé d'en vider le contenu, car il n'est rien qu'il aime davantage que d'assister à quelque beau déballage.
Et il faut voir de quels yeux ravis il suit l'opération !

Je me souviens qu'un jour, au cours de je ne
sais quel déménagement, on découvrit dans un
local abandonné tout un entassement de caisses
qui dormaient là depuis le règne du Sultan son

père : des achats faits par lui ou des cadeaux reçus et qu'on ne s'était jamais donné la peine de regarder, seulement. Dès qu'Abd el Aziz fut au courant de cette trouvaille, il fit apporter les caisses dans la cour des Amusements, et, en sa présence, les fit ouvrir. C'était un étonnant bric-à-brac, où se mêlaient des selles, des souliers, des vêtements, des jouets, des porcelaines, des verreries, des lustres, des fauteuils, des conserves alimentaires, des bonbons, de la parfumerie, et jusqu'à une tondeuse et à des objets de toilette plus intimes encore. Jamais il ne s'était mieux amusé. Lorsque l'inventaire de tout cet amas fut terminé, à son grand ennui, il nous invita, tous tant que nous étions, à choisir là dedans ce qui pouvait nous convenir ; après quoi, il abandonna le reste au ministre des finances, lui ordonnant de le faire adjuger aux enchères au profit du Trésor. Je crains que l'opération n'ait pas fait rentrer bien gros d'argent dans ses caisses !

Naguère, ces heures que passait le Sultan dans
la cour des Amusements étaient, je vous l'ai dit,
charmantes, animées, gaies. Hélas! c'est désormais
fini de rire! Plus de jeux, plus de folles parties,
plus d'éclats! Quand il s'est fait tenir au courant,
par ses intendants, par nous tous, des travaux en
cours, nous le voyons s'éloigner avec Hadji Omar
Tazi et aller s'asseoir à la porte ouverte sur le
Méchouar, ou cour des Cérémonies. Là, tout en
suivant les exercices de la cavalerie, manœuvrant
tout près de lui, dans le Méchouar même, sous
les ordres du major anglais Oguilvy, ou bien en
regardant au loin, de temps à autre, à la jumelle,
dans la *Msala*, ou Champ de Mars, l'infanterie
qui pivote avec Mac Lean, ou les officiers de la
mission française exerçant [leurs artilleurs, il
écoute les histoires que lui conte le favori, debout
derrière son fauteuil, les potins de la ville, la
gazette parlée de Fez. C'est l'instant où s'exerce,
sans contrepoids, l'influence d'Hadji Omar, le
moment psychologique des déboulonnements et

des brigues, où l'on pousse les amis, où l'on démolit... les autres. Et Abd el Aziz sourit ou songe, et sa main joue distraitement avec la souple cravache au manche tressé d'or et terminé par une petite raquette de cuir qu'il n'abandonne guère et dont il aime à taquiner son bouffon, ses gazelles, ses mouflons.

C'est là aussi qu'il reçoit les Européens qui ont sollicité de lui une audience; là qu'il recevait récemment les journalistes venus à Fez avec la mission française; et vous savez, de reste, par les comptes rendus des journaux, avec quelle bonne grâce, puisqu'il poussa la courtoisie jusqu'à s'extasier sur l'album des vues de Paris que lui avait offert, en présent, l'ambassadeur de la République — lui qui possède tout Paris en films cinématographiques!

Autrefois, avec El Menebhy, il faisait volontiers un match au fusil de guerre, assis pour tirer, (comme tous les Marocains) à la turque, sur un tapis qu'on étendait à terre.

LA SALLE DE BILLARD AU PALAIS DE FEZ

Mais ce jeu-là même est abandonné.

A onze heures et demie, le Sultan s'apprête à regagner ses appartements, non sans avoir fait au préalable une courte promenade à pied. Il visite quelque chantier, l'atelier du maréchal-ferrant, les écuries où ses chevaux — il en a une trentaine, dont dix à douze pur-sang arabes superbes — sont de retour après la promenade que leur font faire, chaque matin, des caïds cavaliers d'élite. Il jette un coup d'œil à l'usine électrique et cause un peu avec les ouvriers qui la conduisent. Il aimait aussi à entrer en passant chez l'horloger chargé de réparer et d'entretenir les trois mille montres et pendules qu'il y a au Palais et prenait plaisir à le regarder travailler quelques minutes. Non qu'il s'intéresse spécialement à l'horlogerie ou à la bijouterie : en dehors d'un chronomètre d'or très compliqué et marquant les heures des différentes capitales du monde, qu'il porte dans une poche de sa *djellaba*, sans chaîne, je ne lui ai jamais vu un seul bijou. Mais le délicat labeur de l'artisan l'amusait.

Vers midi, enfin, il est de retour chez lui, et, jusqu'à trois heures, il disparaît à tous les yeux. Il revient alors vers la cour des Amusements, y flâne de nouveau, refait le même tour à pied, de droite à gauche, souvent pensif, l'air ennuyé. Ah! nos bonnes parties, il y a deux ans encore!

L'une des dernières fois qu'il me fut donné de le rencontrer, au cours d'une de ces promenades, il errait, solitaire, par les allées de mosaïque d'un jardin que j'avais à traverser. Un large parasol rouge, qu'il tenait, l'abritait contre les ardeurs d'un ciel torride, et, détail de toilette inusité et qui du premier coup attira mes yeux, ses pieds étaient moulés dans des chaussettes d'un rouge éclatant, lui voué jusqu'alors aux chaussettes blanches.

— Allons, bon! pensai-je, encore quelque importation récente de Mac Lean.

Il suivit mon regard, devina ma pensée et sourit, non sans quelque ironie.

— Il paraît, me dit-il, que c'est la grande mode, à Londres !

Mouley Abd el Aziz. — L'homme.
Le souverain.

Au lendemain de la première audience que lui
accorda Mouley Abd el Aziz, le comte de Tattenbach, envoyé extraordinaire de l'empereur Guillaume II près Sa Majesté Chérifienne, confes-
sait aux reporters l'étonnement extrême qu'il
avait éprouvé en se trouvant en face d'un prince
intelligent et sage, et tout différent de celui qu'il
avait rêvé de rencontrer. C'est que, comme toute
l'Europe, comme le monde, il l'avait jugé d'a-
bord sur les portraits plus ou moins fidèles —
plutôt moins que plus — qu'on a tracés de lui,
un peu de tous côtés. Et le Sultan du Maroc est
un grand méconnu.

On a rendu contre lui — comment? pourquoi?
— les jugements les plus erronés, les plus injus-
tes. On l'a dit imbécile, puis fou. On lui a reproché, comme des crimes, des légèretés, des péchés
véniels ; son ignorance de certaines choses graves — par exemple des devoirs d'un pasteur de
peuples — comme si elle était de sa faute !

On parut tout surpris que cet adolescent n'eût
pas apporté sur le trône, avec ses beaux quinze
ans, la science infuse du gouvernement. Chose
amusante! Des gens qui volontiers traitent un
Louis XIV de haut en bas et méprisent, comme
la pire des superstitions, la théorie du droit divin,
semblaient s'imaginer que le premier bambin
venu, élevé par le hasard du sort, l'ambition
d'un ministre, à la tête d'un pays encore à demi
civilisé, dût, par une grâce d'état, être du coup
en possession de la sagesse, de l'énergie, de toutes les qualités qui font un souverain magna-
nime.

Il faut dire et répéter ici que rien absolument

n'avait préparé Abd el Aziz au grand rôle que, fortuitement, il a été appelé à jouer. Savait-on seulement qu'il devait régner?

J'ai dit quel sort avait été réservé au jeune Sultan sous la tutelle de Ba Hamed, et on se rappelle que le brave Si Mehedi lui-même, quand les événements le portèrent au pouvoir, ne conçut pas de meilleur moyen de s'y maintenir et de jouer le maire du palais, que de pousser de toutes ses forces son maître à s'amuser.

Abd el Aziz s'amusa donc, comme on l'a vu, et, à pleines mains, gaspilla le Trésor.

Qui donc, à sa place, n'en eût fait autant? Il lui eût fallu une fermeté d'âme peu commune pour se vaincre. Et qui la lui eût enseignée? Son défaut naturel était plutôt le manque de volonté. Si cette boutade d'un homme d'esprit est exacte qui prétend que lorsqu'on a un caractère il est toujours mauvais, évidemment Abd el Aziz n'a pas, ou du moins n'avait pas de caractère. Il était la bonté et la faiblesse mêmes.

Ses premiers embarras d'argent, bien vite arrivés, devaient l'amener à un retour sur lui-même, et, presque en même temps, les soucis politiques allaient lui être révélés.

Alors, brusquement, spontanément, il s'aperçut dans quelle fausse voie on l'avait engagé ; il eut conscience qu'on l'avait trompé.

Je fus le témoin de l'un des épisodes de cette crise, et ce fut là que je pus constater l'ascendant qu'exerçait sur le jeune Sultan Lalla Rekia, sa mère. Il m'apparut considérable, et elle fut, dans cette journée-là, sa conseillère très écoutée. Seulement, a-t-elle la largeur de vues, l'expérience nécessaires pour le diriger toujours dans les circonstances graves ? et quelle peut être la culture d'une esclave circassienne, d'une favorite même impériale ?

C'était au plus fort de nos amusements. Abd el Aziz alors était au plaisir de sept heures du matin à la tombée de la nuit. L'affaire Pouzet tout à coup éclata. On se rappelle ce grave incident :

un Français, M. Jules Pouzet, avait été assassiné par des Riffains, sur la côte. La France réclamait une indemnité et insistait pour le règlement immédiat de la question, en même temps que de quelques autres, antérieures. La diplomatie marocaine cherchait, tactique élémentaire, je crois, à gagner du temps.

Tout à coup on apprit que deux « frégates » françaises — tous les navires de guerre, au Maroc, sont des frégates, depuis Tanger et Mogador! — venaient appuyer notre réclamation. Ce fut El Menebhy, très agité, qui en apporta la nouvelle à son maître.

Elle troubla profondément le Sultan. Il avait sauté, vous pensez, à bas de sa bicyclette et je le verrai longtemps tenant sa machine d'une main, de l'autre la lettre que venait de lui remettre le ministre de la guerre, et qui était, je le sus plus tard, la traduction du propre ultimatum du gouvernement français.

— Attends-moi un moment, dit-il.

Et il rentra au palais. Il allait demander à Lalla Rekia son avis, ses conseils.

Ce fut une journée de grande agitation. Dix fois Si Mehedi revint, délégué par le Makhzen, et chaque fois Abd el Aziz rentrait un moment dans ses appartements, puis revenait avec des instructions, des ordres — les ordres de la vieille Sultane, évidemment.

Lalla Rekia fut, en cette affaire, la prudence même. Le gouvernement d'Abd el Aziz n'usa pas même des quatre jours qu'on lui laissait pour répondre aux sommations de la France. Le soir de ce jour, un courrier partait, emportant son accession à toutes les demandes formulées.

Si jamais, au surplus, Mouley Abd el Aziz se trouve entraîné à la guerre, ce sera bien évidemment contre son gré et il faudra une querelle d'Allemand bien combinée pour l'y pousser.

Un jour, pendant la guerre du Transvaal, dont il suivait attentivement les péripéties, je lui dénombrais les hommes tués, les millions engloutis, ces folles dépenses d'or et de sang qu'entraîne toute lutte entre les peuples.

— Ah ! soupira-t-il, si j'avais de l'argent !... ce n'est pas à faire la guerre que je le dépenserais !

Non, ni les lauriers d'Alexandre, ni ceux de Napoléon ne troublent ses rêves, et il est si peu préparé à faire campagne qu'au moment où il dut retourner à Fez il lui fallut positivement s'entraîner, se remettre à faire du cheval, se réhabituer d'abord à la marche. Nous faisions alors avec lui, autour de l'Agdal, le grand lac du parc réservé, de longues promenades au cours desquelles on causait librement d'un tas de sujets.

Il lui faut bien pourtant s'occuper des choses de l'armée. Il m'a semblé qu'il n'y apportait qu'un intérêt assez platonique.

Je l'ai vu suivre des exercices et surtout prendre un vif plaisir à des tirs d'artillerie. Lui-même, ce qui m'a paru assez exceptionnel chez les Marocains, est, au canon, un pointeur

excellent, et très expert à manier le mécanisme,
pourtant compliqué, des pièces les plus modernes. Tandis que nous revenions de Marrakech, il s'amusa plusieurs fois, au campement,
à faire des tirs; des rochers lui servaient de
cibles. Il tirait fort bien. Parfois il invitait El
Menebhy à tirer après lui, mais ne manquait
jamais de déranger malicieusement, au préalable,
quelque organe, par exemple le mécanisme de
correction de la « dérive », ou déviation horizon-
tale que subissent les obus au sortir d'une pièce
rayée. Et alors Si Mehedi rataif régulièrement le
but, à la grande joie d'Abd el Aziz.

— Comment! lui disait-il en riant, toi, mon
ministre de la guerre, tu ne sais pas tirer! »

Lorsqu'arriva le premier canon à tir rapide
expédié par le Creusot, on en tira, bien entendu,
les premiers coups en sa présence. On avait pris
comme cible un mur au haut d'un côteau, que
le Sultan fixait avec sa jumelle. Il entendit le
coup partir, s'imagina qu'il devait immédiate-

ment en percevoir l'effet. Avant que l'obus
eût eu le temps d'achever sa trajectoire, il abais-
sait sa jumelle : « Ça n'y est pas ! » Mais on lui
expliqua qu'il fallait au projectile un certain
nombre de secondes pour parcourir le chemin,
et on vit, dans l'instant, à un petit nuage de
poussière, qu'il arrivait. Il reprit sa jumelle,
distingua la trace du coup et indiqua de relever
un peu le coup suivant. Celui-ci fut un peu
haut. Au troisième, le mur sautait, pulvérisé.
Abd el Aziz était fou de joie. Il le fut bien davantage quand, après avoir tiré à shrapnell et envoyé des soldats vérifier les effets, ces hommes
revinrent en rapportant qu'il n'y avait pas un
espace large comme la main qui ne fût criblé
de balles.

Ce canon fut, comme bien on pense, de la
première expédition sérieuse contre Bou Hamara.
Il fit merveille. Grâce à lui, on reprit au Rougui
Taza et Oudjda. Sur lui, les vaincus venaient,
en faisant leur soumission, jurer fidélité à Sidna.

Et on le conserve au Palais, à Fez, comme une relique, une sorte de palladium vénéré.

Si ennemi de la guerre qu'il fût, Abd el Aziz, pourtant, dut à deux reprises, pendant mon séjour auprès de lui, se mettre à la tête de ses troupes.

La première fois, c'était pour aller soumettre les Zemmours révoltés, et qui profitaient de l'état d'anarchie qui commençait à se manifester d'assez inquiétante façon pour se livrer à mille déprédations : ils étaient venus piller jusqu'aux portes de Méquinez. Je crois que le Sultan entreprit sans déplaisir cette expédition. Les Zemmours occupaient des territoires situés sur la route de Marrakech, et il nourrissait le secret désir, la tribu une fois matée, de continuer sa route jusqu'à cette capitale et de s'y fixer de nouveau. J'ai fait entrevoir déjà combien le séjour de Fez, qu'il sentait lui être, au fond, peu sympathique, où il était en butte aux fréquents reproches des oulémas, lui déplaisait. Il partit donc, nourrissant ce dessein caché de ne point revenir sur ses pas.

On ne saurait imaginer le pittoresque, le caractère de ces déplacements du Sultan. Bien entendu, je demeurai à Fez pendant l'expédition, mais je puis parler de celui qu'il fit pour venir de Marrakech à Fez. Une véritable ville, une ville de quarante-cinq mille têtes, était en voyage avec lui, tout le Makhzen, tout le palais, les bureaux, comme nous dirions, les esclaves, les muletiers, les soldats. Et quels bagages! La seule tente du Sultan représente, avec ses toiles blanches, ses piquets, ses cordes, son ameublement, ses lits, ses tapis, la charge de soixante chameaux au moins. On ne savait jamais au juste, le matin, où elle serait dressée le soir. Lui parti en avant, les esclaves faisaient leur œuvre, repliaient le palais de toile, chargeaient les chameaux, les mules, puis forçaient de vitesse pour dépasser le Maître et chercher un endroit propice pour y passer la nuit suivante. La caravane suivait en débandade.

A l'étape, nul ne peut déplier sa tente avant que soit dressée celle du Sultan : l'opération, d'ailleurs, à laquelle s'emploient en hâte des centaines d'esclaves, ne prend guère que quelques minutes. La tente chérifienne, juchée sur une hauteur, occupe le centre du campement et le domine, toujours reconnaissable, de loin, à la grosse boule d'or qui la surmonte. Elle est entourée d'une véritable muraille de toile. Les autres se pressent tout autour, lui formant une ceinture protectrice qui a parfois un kilomètre de profondeur.

Cette route de Marrakech, Abd el Aziz ne put, cette fois, réalisant son cher rêve, la refaire en sens inverse. Il poursuivait les Zemmours dans une campagne heureuse quand il apprit que le Rougui Bou Hamara avait, d'autre part, remporté des avantages sur ses propres troupes. Il fallait se retourner de son côté, en finir vite avec les Zemmours. Ceux-ci, sous l'impression des premiers coups que leur avait portés le Sultan,

L'USINE D'ÉLECTRICITÉ AU PALAIS DE FEZ

ne demandaient qu'à se soumettre. On traita à la hâte, et Abd el Aziz s'en revint vers Fez, qu'on craignait de voir menacée bientôt par le Prétendant, auquel on n'avait opposé jusque-là que des forces ridicules, de petites troupes d'un millier d'hommes, réappliquant le système, célèbre en France, des « petits paquets ».

Le Sultan ne prit pas part, au début, à la lutte contre Bou Hamara. Voulait-on diminuer, à ses yeux, l'importance de cette rébellion qu'on lui avait cachée autant qu'on avait pu, et lui avait-on laissé croire qu'elle ne méritait pas qu'il s'en occupât en personne? J'inclinerais volontiers à le penser. C'était alors un mot d'ordre que de traiter le Rougui par le dédain. Un moment vint cependant, on l'a vu, où le Menebhy dut prendre le commandement de l'armée. Il fut heureux dans ses opérations, en somme.

Quand il se fut emparé de Taza, il envoya à son Maître un message pour lui dire que tout allait bien et l'inviter à venir recevoir l'hommage des rebelles qu'il avait désarmés, l'assurant que sa présence ramènerait parmi les tribus le calme définitif.

Abd el Aziz se mit en route avec son campement, le Makhzen, des soldats, des scribes. Mais cette chevauchée ne faisait pas les affaires des vizirs, toujours acharnés d'une part à la perte du ministre de la guerre dont ils avaient vu avec infiniment de déplaisir les succès, et peu soucieux, d'un autre côté, d'aller courir les aventures en un pays pacifié à peine. Ils parvinrent à persuader au Sultan que Si Mehedi le faisait courir au devant de dangers certains, l'attirait dans un véritable piège. Abd el Aziz eut la faiblesse de les croire. Il rebroussa chemin, laissant El Menebhy se tirer de la situation comme il pourrait et achever ce qu'il avait commencé.

Certes, les vieux Chérifs sanguinaires du passé, toujours prêts à couper des têtes, à noyer les révoltes dans le sang n'auraient laissé à personne le soin de venger leur autorité méconnue, et s'étonneraient de ces hésitations. La vraie bonté d'âme, la pitié qu'a montrées, en des circonstances moins graves, Mouley Abd el Aziz auraient de quoi les surprendre davantage.

Par exemple, le Sultan possède toute une ménagerie, dont les pensionnaires les plus remarquables ont été rapportés par El Menebhy, de son voyage en Europe. Il s'était arrêté en Allemagne, à Hambourg, et là, quelque Hagenbeck lui avait cédé tout un lot de fauves. Les cages, abritées au Palais de Fez, sous un long toit de tuiles longeant le jardin qui précède la salle des Ambassadeurs, contiennent quatre tigres, six lions, quatre panthères, des zèbres, des buffles, un boa, quelques singes. Le Sultan ne donna jamais grande attention à ces captifs. Dieu me pardonne! il les eût plutôt plaints. On chercha en vain à corser, dans l'espoir de l'y intéresser, un spectacle qui le laissait indifférent.

Dans la cage du boa, on laissait toujours,

comme un en-cas offert à ses appétits, un poulet, et quand on voyait que le serpent commençait à dérouler ses anneaux, montrait quelque velléité de manger, vite on en avisait Abd el Aziz. Il refusa toujours obstinément d'assister à ce hideux repas.

Le jour où El Menebhy fit pour la première fois au Sultan les honneurs de la collection qu'il rapportait, il eut l'idée, espérant amuser son Maître, de faire jeter dans la cage des tigres un sanglier vivant. La victime ne fit pas même un geste de défense et se coucha pantelante sous les griffes et les dents qui commencèrent à la déchirer avec furie. Le Sultan regardait. Mais quand il vit cette bête passive, demi-morte d'effroi, ce sang qui coulait, il détourna la tête. « *Meskine!* » murmura-t-il; « pauvre malheureux! » Et, lorsque, le lendemain, on voulut recommencer, il s'y opposa impérieusement : « C'est assez! » dit-il.

Une autre fois, pendant une audience qu'il donnait aux membres de la mission militaire française à Fez, on entendit, interrompant la conversation officielle, les rugissements des fauves auxquels on apportait leur pitance. Les hôtes d'Abd el Aziz s'intéressèrent, poliment, à la ménagerie impériale, et le Sultan avec complaisance leur énuméra la liste de ses pensionnaires. Quand il mentionna la panthère noi.e, quelqu'un se récria sur la férocité de cet animal, qu'il prétendait l'un des plus terribles qui soient.

— C'est une erreur, dit Abd el Aziz. La panthère noire n'est pas si méchante qu'on le croit. Elle chasse quand elle a faim, voilà tout. Mais quand elle est repue, on mettrait dans sa cage un mouton vivant qu'elle n'y toucherait pas, certainement.

Les officiers à ces affirmations montrèrent tout l'étonnement compatible avec l'étiquette. On défendit la légende de la cruauté sans bornes de la panthère. Le Sultan, pour convaincre ses interlocuteurs, les convia à une expérience. On passa au jardin, et il fit apporter à la panthère un mouton. Elle était allongée dans un coin de sa cage, digérant bien son déjeuner, selon toute apparence. Elle entr'ouvrit, sur cette proie ainsi offerte, ses yeux en amande, renifla l'air, mais ne se dérangea pas. Le mouton, effaré, demeurait tapi contre les barreaux. Abd el Aziz, jugeant la preuve suffisante, le fit enlever. Mais comme cette pauvre bête, encore troublée de l'alerte, allait et venait, stupide, le long de la cour, elle eut la malchance de passer à portée d'une cage où guettait, les yeux luisants, l'oreille tendue, tout le corps ramassé et prête à bondir, une lionne, moins rassasiée ou plus féroce que la panthère. Abd el Aziz, en se retournant, vit le danger que courait le mouton. Il jeta un cri, pour éloigner le petit animal. C'était trop tard. La lionne avait abattu sa patte sur le dos du mouton. Le malheureux saignait, poussait des bêlements plaintifs. Le Sultan ordonna de l'emporter, puis de l'abattre, afin de lui éviter toute souffrance. Victor Hugo a, pour moins, prononcé l'absolution du Sultan Mourad.

La bonté d'Abd el Aziz s'étend, par surcroît, aux hommes, et aux plus humbles.

Nous nous amusions, une après-midi, à nous électriser, à l'aide d'une bobine de Ruhmkorff, — jeu enfantin, renouvelé de la foire, je le sais. — C'était Abd el Aziz qui réglait le courant; et il se divertissait fort à nous envoyer, à l'improviste, plaisanterie bien innocente, des secousses sérieuses, riant de nos grimaces. De petits esclaves, des négrillons réservés, — pauvres gamins! — à l'époque de la puberté, à la plus épouvantable des mutilations, suivaient la scène, intéressés. L'un de nous eut l'idée de les électriser aussi, et Abd el Aziz fit signe à l'un d'eux de s'approcher, de venir tenir les poignées. Le malheureux enfant, s'imaginant, sans doute, qu'on allait le soumettre à un supplice terrible, demeura comme cloué au sol par l'effroi, regardant le Maître avec des yeux démesurés.

« Allons, prends, dit Abd el Aziz, en lui tendant les deux cylindres de cuivre. » Et Dieu sait qu'il n'a guère l'habitude de répéter un ordre deux fois.

Alors, le petit, comme s'il s'était agi d'aller à la mort, chancela, fondit en larmes, et tomba aux pieds de Sidna en sanglotant des supplications.

Le Sultan rit de sa frayeur, haussa les épaules, et quitta le jeu, sans insister. Combien d'hommes moins habitués à satisfaire leurs moindres caprices eussent exigé, menacé, fait bon marché des affres de cet être chétif prosterné dans la poussière!

Pour ma part, je ne saurais oublier la constante bienveillance que me manifesta, en toutes circonstances, Mouley Abd 'l Aziz. Il y eut souvent quelque mérite, car, pas plus que personne, et quel que fût, d'ailleurs, mon désir de me tenir en dehors des intrigues, distractions habituelles de toutes les cours du monde, je n'échappai aux insinuations, aux petites perfidies qui en sont les ressorts obligés. Et de temps en temps, le Sultan tout à coup, au cours de notre conversation, se mettait à sourire et me demandait :

— Qu'as-tu donc fait à un tel?...

Je comprenais et lui confiais à cœur ouvert les raisons de l'animosité qu'il me dévoilait ainsi, car, de même qu'il était sans défiance envers moi, j'étais avec lui toute confiance.

Enfin, je vis toujours cet enfant gâté et tout puissant se montrer en toutes circonstances le plus doux des tyrans.

Cet homme, à qui jamais aucun de ses sujets n'ose répondre : « Impossible! »; devant qui tremble le Makhzen entier, dès qu'il fait seulement semblant de froncer le sourcil, est toujours prêt à s'incliner devant un argument plausible qu'on lui donne. Mais ses ministres ont de trop bonnes raisons de courber devant lui la tête, même avec exagération, afin de pouvoir, à l'abri de son autorité, continuer leurs petites pratiques.

Mais à peine arrivé depuis quelques semaines que j'eus l'occasion de constater ce double état d'esprit. Je montais un appareil auquel Mouley Abd el Aziz semblait s'intéresser vivement : c'était exactement un tricycle automobile. Il me pressait, demandait à me voir, le soir même, procéder à une expérience. Je répondis que c'était impossible, et qu'il me fallait au moins deux ou trois jours pour achever la besogne. El Menebhy, qui était présent, eut un geste d'impatience, insista, me fit dire par l'interprète que du moment où le Sultan commandait, c'était à moi de m'arranger de façon à le satisfaire. Mais Abd el Aziz lui imposa silence :

— Laisse le faire. Il sait mieux que toi.

Il était moins exigeant, moins terrible, meilleur que ne le faisaient ses courtisans. Détestables flatteurs!...

Ce sont eux qui, les premiers temps, avaient imaginé de nous obliger à ne paraître en présence du Sultan que la tête découverte. Nous en souffrîmes jusqu'au moment où, frappé par les rayons d'un soleil torride, je fus pris

d'un saignement de nez. Abd el Aziz se montra,
là encore, sincèrement compatissant. Il s'inquiéta
de savoir si j'étais sujet à cette incommodité. Ma
foi non, et c'était seulement de rester tête nue,
n'y étant pas accoutumé, qui m'avait indisposé.
Je le lui répondis très franchement. Il en fut con-
sterné. Naturellement, il avait cru que si nous
jouions au soleil sans nos chapeaux, c'était que
nous en avions l'habitude. Et, de ce moment,
nous fûmes autorisés à nous couvrir, même devant lui, dans la cour des Amusements.

Voilà pour l'homme. Et j'espère qu'on pourra,
d'après ces quelques anecdotes, partager ma sincère et respectueuse sympathie pour lui. Je voudrais maintenant, sans souci de peindre un por-
trait historique, le montrer dans l'accomplisse-
ment de ses devoirs souverains — bien peu compliqués, en vérité!

Le peuple connaît peu son Sultan, et doit peu
le connaître. On a vu, chemin faisant, que l'un
des griefs qu'ont élevés contre Abd el Aziz les

défenseurs du dogme chérifien, ç'a été de trop
se montrer, de ne pas se tenir assez à ce rôle
d'idole voilée que lui imposent les pures traditions.

Celles-ci voudraient que, sauf les cas impré-
vus, sauf encore les jours où on l'aperçoit de
loin, du haut des terrasses, traversant à cheval
les rues vides pour se rendre à quelque mosquée
de la ville, salué par les hommes de l'exclama-
tion traditionnelle : « Que Dieu préserve les jours
de notre Maître », et par les femmes de glous-
sements perçants, il apparût officiellement à son
peuple seulement trois fois l'an, aux grandes
fêtes.

La première est le Mouloud, la naissance du
Prophète qui se célébrait, cette année, au moment de l'arrivée de la mission allemande. Elle
ne se présente pas chaque année, en effet, à la
même époque, les Mahométans ayant le mois
lunaire, qui ne suit pas les saisons.

Le jour où s'ouvre les réjouissances, qui durent

une semaine, le Sultan passe une revue de ses troupes et des tribus venues pour lui rendre hommage. Et la cérémonie est vraiment très imposante et présente un grand caractère.

Toujours habillé de blanc, mais ayant revêtu, pour la circonstance, le burnous immaculé drapé à larges plis, abrité sous le haut parasol de velours vert, attribut du pouvoir chérifien, il sort du Palais entre deux haies de cavaliers, tout blancs aussi, et pour la plupart de fière allure, qui, à mesure qu'il avance, se rangent derrière lui et derrière ses ministres, tous présents, et grossissent son cortège. Et, tout de même, on a là l'impression d'une puissance solide encore, malgré les défections, les révoltes passagères.

En tête du groupe marchent des chevaux de parade, magnifiquement caparaçonnés, tenus en main par des esclaves, et quelquefois le carosse de gala de Sa Majesté, élégant coupé venu de Londres, cadeau de la feue reine Victoria. Cet équipage, au surplus, ne joue guère que ce

rôle décoratif, puisque le Sultan ne va jamais
qu'à cheval.

La revue a lieu à la Msalla, au Champ de Mars
dont j'ai parlé plus haut et qui sert, chaque
matin, de champ de manœuvre à une partie des
troupes.

Le Sultan se dirige d'abord vers son pavillon impérial, très simple petite construction,
sorte d'oratoire, de loggia surélevée et dominant
l'immense esplanade. Il y entre un moment
pour prier. Après quoi il parcourt, sur son pur-
sang aux crins flottants, le front des troupes, puis
vient aux tribus rangées en un groupe éclatant,
auxquelles il donne sa *baraka*. Et quand ils
ont reçu cette bénédiction solennelle de Sidna,
de leur Seigneur, les cavaliers, en caracolant,
vont, à leur tour, se ranger aux abords de la porte de la ville par laquelle il doit rentrer pour
regagner son Palais.

La seconde fête où le Sultan apparaît au peuple est l'Aïd Kbir ou grande fête du Mouton.

C'est la Pâque, en somme, la fête la plus solennelle de l'année, pour le Marocain.

Il n'est pas de famille, si pauvre soit-elle, qui n'égorge à ce moment son mouton. D'aucuns vendent leurs vêtements pour se le procurer.

Toujours au milieu de ce même cortège de cheiks, de chevaux piaffants, entouré du Makhzen, le Sultan gagne son petit kiosque pour y prier. Et quand il a terminé sa prière, appelé la bénédiction d'Allah sur lui et sur son peuple, il égorge de sa main le premier mouton.

A l'Aïd Srir, la petite fête du Mouton, la même cérémonie se renouvelle, suivant le même protocole immuable, et à l'observance duquel veille le Moul Méchouar, l'introducteur des ambassadeurs, le Crozier marocain — puisque aussi bien c'est M. Philippe Crozier qui demeurera dans la mémoire des générations comme l'incarnation, le symbole même du Protocole.

Je retrouve dans une correspondance ancienne une description de la première fête du Mouton à laquelle il me fut donné d'assister, et demande la permission de la transcrire ici.

A 8 heures 1/2 du matin, des coups de canon annoncent la sortie du Sultan. Les hautes portes du Palais s'ouvrent à deux battants, et le défilé commence.

Voici d'abord les soldats du corps de garde, du poste, comme nous dirions en France, qui vont à pied, suivis des six chevaux de parade du Sultan, tout harnachés de pourpre et d'or, mais non montés et conduits par la bride. Puis vient Abd el Aziz sous son parasol de velours vert, entouré de sa garde particulière à pied; puis le Makhzen, les hauts fonctionnaires, les « autorités » enfin. Et la musique! oh! cette musique! Imaginez cent cinquante cuivres, soufflant à qui mieux mieux, hurlant, produisant le plus épouvantable des charivaris, car la seule ambition de chacun des musiciens semble être tout bonnement de couvrir par son bruit le bruit que fait le voisin.

UNE DES DISTRACTIONS DU SULTAN : COURSES D'OBSTACLES

De chaque côté du chemin, des soldats sont
rangés en double haie. Quels soldats! des boi-
teux, des bossus, des bancroches, des borgnes,
et çà et là, parfois quelques beaux hommes ; des
gens de toutes les tailles, de tous les âges. Et
quel armement! Les uns ont la baïonnette au
canon, d'autres le fusil sans baïonnette, ou
bien encore la baïonnette sans fusil. Pas de cartouches; pas de sac. Les fusils sont de toutes pro-
venances et de tous calibres. Quant aux costumes,
il y en a également de toutes les couleurs, des
jaunes, des bleus, des rouges, des bruns, mais
c'est pourtant le rouge qui domine.

A qui obéit cette armée? Il est difficile de le
savoir, puisqu'on ne peut, à l'uniforme, distin-
guer les chefs, tous étant pareillement dégue-
nillés.

Avant qu'arrive le Sultan, j'observais ces soldats, les uns assis à terre, les autres, ceux qui
ont un fusil, sur la crosse.

Et pourtant, cette immense esplanade où, au-delà de la haie des troupes, va et vient, et regarde une foule multicolore, où des cavaliers aux burnous éclatants passent au grand galop de leurs chevaux, en tirant des coups de feu en l'air, en signe de joie, est vraiment belle à contempler. Beaucoup des curieux qui sont là, accourus de plaines ou de montagnes lointaines sont à peine des sujets de Mouley Abd el Aziz, et la première excitation les trouverait prêts à la révolte. Ils sont venus pour s'amuser, et ne pensent pour le moment qu'aux réjouissances dont il vont prendre leur part. Plus tard, on verra!

L'Aïd Srir, la petite fête du Mouton, emprunte un caractère, un éclat spécial à la cérémonie de la Hedya, ou offrande des cadeaux, qui fait partie de son programme — car toutes ces fêtes durent toujours plusieurs journées, une semaine au moins.

Ces cadeaux qu'on apporte au Sultan ne sont en réalité que des impôts qu'on lui paie. C'est une des formes de la perception des contributions, et une forme assez décorative.

Le Sultan, sous son parasol vert, se tient à cheval, deux esclaves à ses côtés l'éventent, écartant de lui les mouches avec des mouchoirs de lin fin. Chaque tribu s'avance, portant ses présents, précédée du Moul Méchouar qui l'annonce :

— Telle tribu te présente son hommage de fidélité.

L'Empereur remercie en quelques mots que le Moul Méchouar répète à haute voix à ceux qui l'accompagnent, puis il ajoute la salutation habituelle :

— Que Dieu préserve les jours de notre Maître !

Et toute la tribu en chœur reprend ce vœu.

La Hedya n'a plus, hélas! l'éclat qu'elle eut autrefois. Sous Mouley Hassan, elle durait six à sept jours; en trois, désormais, elle est terminée. L'ancien Sultan n'eût pas accepté parmi les cadeaux même de l'argent, et malheur à la tribu qui eût eu l'impudence de lui en offrir : il lui

fallait de l'or, beaucoup d'or! Il lui en arrivait des
charges de chameaux, et, à certaines Hedyas, il
reçut trois millions de présents. Abd el Aziz ac-
cepte jusqu'à des chevaux, pas toujours très
beaux, jusqu'à des tapis, à des soieries! *Sic tran-
sit!...* Tout croule, tout dérive!

Abd el Aziz n'est pas riche, et si je dis ici ses
embarras d'argent, c'est qu'on a fait autour assez
de bruit. C'est le secret de polichinelle, et nous
avons vu, ces derniers temps, plusieurs « hon-
nêtes courtiers » offrir leurs services désintéres-
sés, bien entendu. Auquel entendre? Abd el Aziz
a de la méfiance.

Certes, tout autre que lui, à sa place, ne serait
pas en peine de se procurer tout l'or dont il peut
avoir besoin. Emprisonner quelques sujets de
marque et confisquer leurs biens, faire disparaître un vizir : on aurait bien vite une quinzaine
de millions — car, si le sultan est pauvre, les
vizirs ne sont pas à plaindre. C'est même, au
Maroc, une expression proverbiale. Mais j'ai assez

fait connaître Abd el Aziz pour n'avoir pas besoin d'insister.

Répugnant à recourir à de pareils moyens, il vit stoïquement au milieu des ennuis. Il ne peut pas ignorer à quel point on le gruge. Cet argent lui reviendra à la mort des ministres, quand il plaira à Allah !

Je l'entretenais parfois, quand je le voyais hésiter devant une dépense, de ces sujets douloureux. Il était sans indignation.

— Ce qui se passe, lui disais-je, fait crier. Ton peuple se plaint. Il t'aime et ne demande pas mieux que de te rendre l'impôt. Mais il enrage de voir les vizirs se construire des palais avec son argent.

— Bast ! reprenait-il, bonhomme, en souriant, si je mets à la porte mes ministres qui sont déjà riches et que j'en prenne d'autres plus pauvres, il faudra qu'ils volent davantage pour s'enrichir à leur tour. Et puis, les amis de ceux que je congédierai se soulèveront contre moi.

Il temporise, vivote comme il peut, en attendant l'heure d'Allah! Et il laisse faire.

Aussi, quelle danse d'écus!

Un fournisseur présente une note au ministre des finances, maître sans contrôle — puisque le seul homme qui pourrait exiger des comptes renonce à se risquer dans ces écuries d'Augias — de l'argent du Sultan.

— C'est le prix net? demande le vizir.

— Absolument net.

— Combien veux-tu de bénéfice?

— Dix pour cent. Et toi?

— Je prendrai quarante.

— Ton frère?

Car n'oublions pas que le frère est El Hadj Omar, le favori, le conseiller d'Abd el Aziz.

— Mon frère prendra...

Vous voyez un peu comment on peut arriver à faire payer au Trésor chérifien cent cinquante mille francs une fourniture qui en vaut le tiers. Le mécanisme de l'opération est enfantin.

L'armée, elle seule, est une mine admirable
pour les exploiteurs. Si embryonnaire, si ridi-
cule qu'elle puisse être, son entretien coûte
annuellement au Sultan des sommes folles. On
lui fait payer, par exemple, l'entretien de
40 000 chevaux. En a-t-il 3 000? Quand, pour
remonter une partie des troupes, on lui dit ache-
ter 5 000 bêtes, on en achète 1 500 ou 2 000. Et
l'on encaisse la différence — sans parler, dans
l'avenir, des frais d'entretien et de nourriture de
cette cavalerie chimérique.

Tout est ainsi matière à des opérations plus
ou moins lucratives pour ceux qui les entre-
prennent. Ainsi, à chaque instant, on vous offre
à vendre des mulets provenant des écuries du
Sultan et marqués à son chiffre; quelques jours
après, des employés, envoyés par le Makhzen,
viennent les reprendre comme biens volés. Et le
profit est double pour le vendeur, qui peut
recommencer, quand bon lui semble, ce fructueux
commerce!

En ces derniers temps, Mouley Abd el Aziz a montré l'intention de prendre aux affaires une part plus directe. Les événements l'y ont contraint.

Je rappellerai, en gros, que le gouvernement, le Makhzen, se compose de quatre ministres, qui sont actuellement Si Fedoul Gharnet, grand-vizir, ministre de l'Intérieur et de la Justice; Abdelkerim ben Sliman, ministre des Affaires étrangères; Si Mohammed el Ghebbas, ministre de la Guerre, et Mohammed Tazi, ministre des Finances.

Le Palais du Sultan est, en fait, le siège du gouvernement marocain. Là, au Dar el Makhzen, les ministres ont leurs bureaux, qui ne rappellent que d'assez loin le « ministère », suivant l'idée que s'en peuvent former des Européens.

Le Dar el Makhzen contient, autour d'une vaste cour, une série de petites chambres ou *benekas*. Chaque ministre a la sienne, et ses scribes, ses « expéditionnaires », ses « rédacteurs » — ses

commis, comme on disait sous l'ancien régime —
sont installés autour de lui, dans l s *benekas*
voisines. Chacune, même celles des vizirs, ne
contient qu'un petit bureau bas, de 60 centimètres environ de large, et surélevé de terre de
5o centimètres à peu près. Les murailles sont
passées à la chaux; le sol est recouvert d'épais
tapis.

Ministres et bureaux arrivent là de bonne
heure, le matin. Détail typique : au Maroc,
pays par excellence, pays d'origine du maroquin,
les portefeuilles ministériels sont choses incon-
nues. Comme leurs subordonnés, les vizirs
apportent leurs paperasses dans un simple
foulard, un mouchoir attaché par les quatre
coins.

Chacun s'installe derrière son bureau, mais
non pour y écrire : tous écrivent sur leur main
étendue. On dépouille le courrier. Le ministre
écoute la lecture des lettres, des pétitions, des
suppliques, ou les lit lui-même; il dicte les

réponses à son secrétaire, et celui-ci en prépare les expéditions, tandis que lui-même donne ses audiences. Et l'on voit défiler, ni plus ni moins que dans nos antichambres, de longues théories de gens qui tous, en signe de respect, ont rabattu leur capuchon et se présentent cérémonieusement coiffés de la seule chéchia ou du turban.

Vers huit heures, le maître des cérémonies vient annoncer que le Sultan quitte ses appartement. Un à un, les vizirs vont rendre visite au Maître, l'entretenir des affaires de leur « département ». L'entretien est, en général, assez bref; du moins permet-il à Abd el Aziz de se tenir au courant des événements.

Enfin, depuis quelque temps aussi, le Makhzen a quelque chose comme un conseil de cabinet, c'est-à-dire que, lorsque leur besogne quotidienne est terminée, les ministres se réunissent dans la *beneka* du grand vizir et s'entendent sur les mesures générales à prendre.

J'aurai à revenir plus tard, puisqu'enfin il

faudra bien aborder la politique, sur l'attitude, les intentions du Sultan et du Makhzen vis-à-vis des entreprises, des projets de l'Europe et nommément de la France, politique et attitude concertées dans ces réunions de chaque jour.

Mœurs marocaines. L'Esclavage.

Avant d'en venir à cette extrémité, je désirerais vous montrer quelques coins de la vie marocaine, encore très mystérieuse, malgré tout, aux Européens. A Tanger, on n'en peut apercevoir que la surface, les apparences. Et Fez est encore bien lointaine, et bien malaisément accessible. La plupart des quelques volumes qu'on a publiés sur le Maroc — tous, pourrais-je dire, ou à peu près tous — ont été écrits d'après des ouï-dire, des témoignages indirects. Je ne parlerai, pour ma part, que de ce que j'ai pu voir. Si on le trouvait d'aventure peu palpitant, ce ne serait pas ma faute.

Et d'abord, puisque tant de gens entrevoient

la nécessité de se battre contre des Marocains, je leur dirai que le Marocain, en général, m'est apparu comme peu brave. Je ne sais pas quelle figure il ferait dans cette fameuse « guerre sainte » dont on nous a si souvent menacés et qui serait, en effet, très possible si nous la provoquions de quelque façon ; mais, dans la vie courante, il m'a semblé toujours avoir une salutaire peur des coups. Je ne le crois guère pressé de franchir le *Poul serrha*, le pont qui conduit au ciel. Je ne parle pas ici, bien entendu, de telles tribus guerrières qui ne redoutent rien, et qui, dirigées, fanatisées par les oulémas, lutteraient désespérément contre tout envahisseur, tout infidèle. C'est aux tribus du *Blad Makhzen* que je pense, aux tribus soumises au Sultan et vivant, sous sa loi, dans la quiétude. Celles-ci sont de tempérament placide et à peine plus guerrières que les sages Chinois. Je ne dis pas qu'elles ne prendraient pas tout de même les armes. Ce serait alors avec la conviction que la guerre est peu

meurtrière et ne constitue, en somme, ainsi que
je l'ai indiqué déjà, qu'une fantasia un peu plus
grandiose. Je vous ai rapporté cette histoire du
Menebhy sur une de ses batailles, où il fut tiré
tant de balles pour un si mince résultat.

Le Marocain, d'abord, ne vise pas, ne sait pas
viser. Que l'on donne à l'un d'eux un fusil de
guerre, et son premier soin sera d'en enlever la
hausse, comme inutile. Ils ne sauraient pas s'en
servir et, comme ils portent l'arme en travers
de leur cheval, cette saillie superflue déchirerait
leur selle.

Je ne sais si je m'abuse, mais je les vois très
bien, en campagne, tels qu'ils se présentent à
la fantasia, qu'ils aiment si fort et où ils sont
si adroits. Ils arrivent l'arme au poing, prêts
à tirer. Ils lancent leurs chevaux au galop,
quittent les rênes, mettent en joue et lâchent
leur feu de salve. Puis, faisant volte-face, repar-
tent ventre à terre devant la riposte, pour se
mettre hors d'atteinte, vont s'abriter pour rechar-

ger leurs armes et recommencer. La victoire doit sûrement demeurer à celui qui aura brûlé le plus de cartouches. Mais que deux ou trois cavaliers tombent dans un rang, et voilà les autres démoralisés et prêts à tourner bride.

A un moment où deux Européens que je connais, ayant reçu l'autorisation de prêter à Abd el Aziz de l'argent, s'en allaient de Tanger à Fez pour faire ratifier leurs contrats et obtenir la signature définitive des petits papiers, ils tombèrent, à deux journées de la capitale, au beau milieu d'une escarmouche entre deux troupes : pour qui? pourquoi? ils ne le surent jamais exactement.

Leur première pensée, en entendant au loin les coups de feu, fut qu'on les attaquait, les croyant porteurs de la forte somme. Ils envoyèrent leur guide en parlementaire pour protester et de la pureté de leurs intentions et du peu d'épaisseur de leur portefeuille.

L'envoyé fut accueilli sans hostilité. Il s'enquit

UN CARROSSE QUI N'A JAMAIS SERVI :
La voiture de parade offerte par la reine Victoria.

des causes de ce tintamarre. C'est, dirent les belligérants, une tribu qui nous ennuie et qui cherche à nous surprendre. Nous nous défendons.

Lors, bien gentiment, le parlementaire demanda si l'on ne pourrait pas cesser le feu tandis que passeraient les voyageurs, On y consentit. Il se rendit alors dans le camp adverse et y trouva le même bon vouloir. On convint d'un armistice, et les banquiers de Sa Majesté Chérifienne continuèrent leur route sans être autrement inquiétés. Voilà un tableau de la guerre civile au Maroc.

Les Européens de la côte se font souvent d'étranges chimères à ce sujet. Au moindre bruit de révolte, au moindre écho de coups de fusil tirés, ils s'affolent, s'imaginent le pays entier à feu et à sang. Malheur à qui débarque alors chez eux pour gagner l'intérieur ! On l'adjure de demeurer, de ne pas s'aventurer, et il lui faut plus de courage pour résister à leurs exhortations à la prudence, à leurs supplications, que pour affronter les dangers que vous dépeint leur imagination.

Le Marocain n'aime pas les Européens : c'est certain, et c'est malheureusement, ayons la franchise de le reconnaître, la faute de ceux-ci, très souvent arrogants et sans égards. Que de fois m'a-t-on dit au Maroc : « Tu n'es pas comme les autres de ton pays ; tu nous parles avec amabilité ». Pourquoi non? Vaut-il mieux se faire craindre — et nous y avons à peu près réussi — ou se faire aimer? Il y a, là encore, deux écoles, et l'avenir seul dira laquelle était préférable ; d'autant qu'il est peut-être possible de les concilier.

Pour ma part, quand j'arrivais le soir à l'étape, je ne manquais guère, sous prétexte de m'exercer un peu, de m'entretenir la main — et puis cela renouvelait mes munitions ! — de tirer quelques balles au revolver tandis qu'on dressait ma tente. Aux premières détonations, les gens accouraient comme aux premières bombes des feux d'artifice du Sultan, à Marrakech. J'avais bientôt une galerie présentable, devant laquelle je cassais, au loin, quelques cailloux. Puis, la conversation engagée, je m'enquérais quel était le meilleur tireur parmi les « personnes de la société », et je lui passais l'arme. J'étais à peu près sûr qu'il raterait le but élégamment. Je reprenais le revolver et faisais de nouveau quelques mouches. Après quoi, mon prestige bien établi, je me montrais bon prince et nous causions amicalement.

Des gens qui redoutent tant la mort doivent aimer beaucoup la vie. Le Marocain est jouis-seur.

Les fêtes que donnent à Fez les gens de condition sont charmantes et infiniment cordiales.

J'ai pourtant conservé longtemps cuisant le souvenir du premier repas auquel je fus offi-ciellement convié. C'était chez le ministre de la guerre, Si Mehedi el Menebhy qui, sur l'ordre du Sultan, avait invité chez lui, à l'issue de la fête du Mouton, tous les Européens qui fréquentaient au Palais.

Il nous reçut accroupi sur un matelas, dans une salle toute tendue de velours et de soieries, au pavé recouvert de superbes tapis, et n'offrant comme meubles que deux lits de cuivre doré, à baldaquins, à ses extrémités. Par la porte grande ouverte, on voyait la cour ensoleillée dont scintillaient les revêtements de *zelij*, — d'azulejos, — avec un jet d'eau murmurant au milieu.

Nous prîmes place autour du ministre, assis comme lui à la turque, sur des matelas. Et les musiciens, rangés devant nous, attaquèrent un morceau. Ils étaient bien cent cinquante, dont cent vingt-cinq pourvus — les monstres! — d'instruments de cuivre qui n'avaient que trop beau jeu à couvrir le fracas des tambours, des grosses caisses, des fifres et des flûtes dont on avait muni leurs camara'es, quelque cœur que missent ceux-ci à se défendre. Ah! ce vacarme!

Il est impossible de rêver quelque chose de plus faux et de plus assourdissant, tout ensemble.

Pendant trois mortels quarts d'heure, on nous régala de cette musique infernale, du même air répété à satiété, et plus d'un parmi nous dut se croire la victime d'une vengeance, pour quelque méfait inconnu.

Enfin un soldat vint, chargé d'un sac de piastres, dont il distribua une ou deux à chacun des exécutants. Horreur! Ils embouchèrent de nouveau leurs instruments, pour remercier, sans doute. Mais ce fut court. Enfin, nous les vîmes s'éloigner. Pauvres de nous! Nous n'allions faire que changer de supplice.

On nous emmena dans une cour, où une table était dressée à l'européenne, avec des chaises. Là, El Menebhy nous salua après nous avoir souhaité un bon appétit. Il nous laissait, pour le suppléer et faire les honneurs du repas, son secrétaire, aimable homme qui s'appliqua de son mieux à nous bien gaver.

Sur un geste de lui, les esclaves, qui n'attendaient que cet ordre, se précipitaient vers les cuisines et en rapportaient bientôt des assiettes, des carafes, des couverts — grand luxe, dans un pays où le Sultan lui-même doit manger, chez lui, au plat, avec ses doigts; — mais le tout si sale, n'ayant pas servi sans doute depuis longtemps, que nous n'osions y toucher.

Mais le docteur Verdon — chez lui, comme partout les Anglais, — appela un nègre et lui donna l'ordre de laver cette vaisselle au jet d'eau de la cour.

Pendant ce temps, le secrétaire du ministre préparait, de ses mains, le thé, le fameux thé à la marocaine : il avait versé dans la théière de métal blanc le thé vert, l'avait ébouillanté, avait renversé cette première eau, puis rempli la théière d'eau chaude, en y ajoutant une poignée de feuilles de menthe fraîches cueillies et la quantité de sucre nécessaire pour faire du breuvage un épais sirop.

Le festin put enfin commencer; le premier plat arrivait.

C'était du poulet. Nous étions cinq. On nous servit à chacun un poulet farci, jusqu'à en crever, de couscoussou. Les poulets étaient rôtis et le couscoussou sucré. Horrible mélange! J'y goûtai à peine. Les autres convives, amateurs de douceurs, semblaient trouver cela fort bon.

Puis nous eûmes un immense plat de mouton bouilli avec des tomates; puis du poulet encore, mais avec des carottes; puis, derechef, du mouton, rôti cette fois, du rizsucré à la cannelle, des pâtes farcies de sucreries, d'autres pâtes aux amandes, du lait.

Le mouton rôti était le seul plat, de tout ce pantagruélique repas, contre lequel mon estomac ne s'était pas insurgé. Mais, juste ciel! quelles nausées! Et avec cela, ni sel, ni poivre, ni condiments quelconques sur la table. Pas d'eau, pas d'autre boisson que le sirop de thé à la menthe!

Il fallut remercier, pourtant, se répandre en compliments! Mais avec quelle volupté je courus à la maison déjeuner, enfin, pour de bon!

Depuis ces temps déjà lointains, on a pris, à Fez, les belles manières. On a des couverts d'argent, de la vaisselle bien nette, des eaux gazeuses, des sirops, des vins généreux même, quoi qu'y puisse trouver à reprendre le Coran. Dans les grandes circonstances, et quand l'amphitryon veut faire galamment les choses, il n'hésite pas à emprunter à un de ses amis, à l'un de ses hôtes, son cuisinier européen. El Menebhy, maintenant, se mettrait à table avec nous et goûterait à tous les plats. Tout au plus continuerait-il à négliger le couvert placé près de lui et à manger avec sa main droite, la main gauche étant impure. Seulement, c'était sans doute la première fois, à ce déjeuner dont je parle, qu'un membre du Makhzen traitait des étrangers. On n'avait pas encore la manière.

Mais, de tout temps, on a donné une attention

particulière au dernier acte du repas, aux ablutions.
Bien entendu, le lavement des mains s'imposait
à des gens qui ne connaissent l'usage ni de la
cuiller, ni de la fourchette, ni du couteau. Un
esclave passe donc avec une aiguière et du savon
fin, très parfumé, car les Marocains ont un goût
d'Orientaux pour les parfums. La toilette des
mains achevées, on se lave avec soin la bouche,
les dents au savon, également et, l'usage du bol
étant inconnu, c'est dans le creux de la main
que le serviteur vous verse l'eau nécessaire. Puis
on s'asperge d'eau de rose ou de fleur d'oranger à
l'aide d'un vase d'argent à long col, au bouchon
troué d'un stilligoutte, tandis que s'allument les
brûle-parfums où fume le *houtkomari*, répandant
dans l'air sa senteur pénétrante. Et même, les
convives délicats, prenant de main en main la
cassolette, la passent sous leurs *tarbouchs*, dans
leurs manches, font circuler dans tous les plis de
leurs longs vêtements la vapeur odoriférante.

La maison d'El Menebhy, où nous avons pénétré tout à l'heure, est le type même des maisons marocaines, toutes construites sur le même plan très simple.

Après en avoir franchi la porte étroite et basse, cuirassée de massives ferrures, qu'un esclave, au choc du lourd marteau de fer, est venu entre-bâiller, un frais couloir vous conduit au *patio*, à la cour. Pavée de mosaïques, entourée de portiques aux piliers revêtus de *zulij* bleus et verts, aux arcades et aux tympans guillochés, ciselés par d'adroits et patients ouvriers, cette cour est généralement ornée, en son milieu, d'un jet d'eau qui y répand un peu de fraîcheur et l'égaie de son murmure. Dans quelque coin, une fontaine déversant l'eau potable. Sur chacun des côtés, une chambre sans fenêtres, mais s'ouvrant sur le patio par une immense porte à deux battants. Et comme la mise en mouvement de cette machine énorme de bois épais, toute sculptée, de même que les murailles, nécessiterait toujours l'intervention d'un ou deux hommes robustes, deux portes bâtardes, au milieu des vantaux, permettent aux allants et venants un facile passage.

Les chambres sont spacieuses, fraîches, pleines d'ombre. Les murs en sont revêtus, jusqu'à 2^m50 ou 3^m de hauteur, jusqu'à la frise de plâtre ciselé, et peint, et doré, de *haïtis*, tentures de drap, de velours, de soie, toutes brodées d'or et de soies versicolores, et dont quelques-unes valent des quatre et cinq mille francs; le sol est pavé de mosaïques que recouvrent d'épais tapis; le plafond ciselé, fouillé, travaillé comme une dentelle, tout enluminé comme un manuscrit précieux. Comme ameublement, des tapis, des divans bas, des matelas, plus exactement, et toujours, aux deux bouts de la pièce, deux lits, dont jamais on ne se sert pour dormir, et qui sont là seulement pour la parade, purement décoratifs — et, plus inévitablement encore, un ariston, si ce n'est un phonographe. Et la voilà bien la couleur locale, ô Edison! Chez les gens très bien, des pianos remplaçent ces meubles à musique.

La cour, contre les tentatives des larrons, est recouverte d'un treillis de grosses barres de fer. Assez souvent, un second étage de chambres répète le premier. Et partout la maison est couronnée par des terrasses, les fameuses terrasses où, au crépuscule, on se réunit pour converser entre voisins; où se nouent tant d'intrigues, s'ébauchent tant de romans; les terrasses, les salons du Maroc!

Un homme riche a plusieurs maisons semblables et communiquant entre elles, et un palais n'est que la réunion d'un certain nombre de constructions répétant cette construction-type: quatre chambres autour d'une cour.

Ces logis sont souvent le cadre de fêtes brillantes, car le Marocain est, en général, hospitalier autant qu'ami du plaisir.

À tout instant, on est convié, par exemple, à un thé. Il s'accompagne toujours d'un petit concert. Tandis qu'assis sur les matelas on fume, que les esclaves s'empressent, apportant le thé, la menthe, l'eau bouillante, des musiciens, assis à un bout de la salle, commencent à jouer et à chanter avec une mimique, des contorsions de tout le visage assez cocasses. L'art des grimaces doit faire partie de leur éducation esthétique.

Cependant, le maître de maison prépare lui-même le breuvage parfumé, dosant le thé, la menthe, ne ménageant pas le sucre et, parfois, ajoutant de l'ambre gris, enfermé dans une petite boule d'argent percée de trous et suspendue à une chaînette. Cela donne une saveur spéciale, et surtout, c'est, paraît-il, aphrodisiaque. Quand l'infusion est prête, il la goûte, puis en emplit les tasses qu'on doit vider d'un trait, en aspirant l'air avec des glouglous bruyants : un convive qui tient à être jusqu'à la fin correct ne devra surtout pas négliger cette dernière précaution. Elle lui permettra, au bout d'un instant, en restituant cet air en de sonores éructations, de témoigner à l'amphitryon, bien mieux que par des discours superflus, à quel point ses bons soins sont appréciés. C'est la suprême urbanité.

Les tasses vides sont posées pêle-mêle sur le plateau, et, cinq minutes après, remplies de nouveau. Chacun reprend celle qui se trouve à sa portée, sans autrement se préoccuper de savoir si c'est bien la même à laquelle il a bu tout à l'heure. Une préoccupation aussi mesquine serait souverainement déplacée, en bonne compagnie.

Les soirées, plus brillantes que les simples thés, les grandes soirées qui terminent de plantureux soupers, empruntent surtout leur éclat à la présence de chanteuses et de danseuses. Elles jouissent, à Fez, d'une grande vogue et sont choyées de la belle société comme chez nous les actrices et les ballerines. Elles n'acceptent d'ailleurs de paraître que dans certaines maisons cotées, où sont reçus beaucoup d'invités, et d'invités riches, car de la qualité et du nombre des spectateurs dépend leur recette. Sauf chez les Européens, en effet, qui, n'ayent point accoutumé de prélever sur leurs hôtes un impôt quelconque, traitent avec elles pour un prix à forfait, elles prélèvent sur la société leur cachet. Chacune des danses est dédiée, par exemple, à l'un des invités, et quand elle a pris fin, la danseuse vient s'agenouiller devant lui, afin qu'il colle sur son front, sur ses joues moites de sueur, autant de pièces d'argent, douros, demi-douros, pièces d'or, au besoin, s'il était tout à fait enthousiasmé, qu'il en peut tenir sur ce petit masque fardé et peint. A la danse suivante, ce sera le tour du voisin, jusqu'à ce que toute l'assistance ait été ainsi mise à contribution.

Ces femmes encaissent ainsi d'importantes recettes: cinq, six cents francs chacune, quelquefois, à la fin de la fête.

Leur vie privée est assez curieuse.

Elles habitent généralement en troupes, dans les mêmes maisons, où elles sont nourries, logées, et dont la tenancière est, en quelque sorte, leur *impresario*, et partage avec elles le produit avoué des soirées.

Leur art n'est guère compliqué. C'est ou bien une danse lascive, lente, une sorte de marche rythmée par la musique et dont la mimique varie assez peu, ou bien un pas plus alerte qui ressemble à une sorte de gigue et pendant lequel le dernier chic est de leur jeter des allumettes bougies qu'elle font éclater en les piétinant.

Entre deux danses, c'est le premier sujet qui, encore, vient verser aux invités du thé, et, pour reposer du thé, la *mahia*, sorte d'anisette sans alcool, assurent les Juifs qui la vendent.

Le répertoire des chanteuses est naturellement plus étendu : deux chansons ce serait peu, sur un programme. La plupart, d'ailleurs, cumulent les deux arts, et les étoiles sont des personnages qu'il faut retenir longtemps d'avance et supplier même pour les avoir. La Breka, la chanteuse qui jouit maintenant de la faveur de Fez, a les

DANSEUSE DE MARRAKECH

prétentions, les exigences d'une pensionnaire de l'Opéra. Bonne fille, d'ailleurs, au demeurant.

Sages? Comme elles sont souvent jolies, les tentations ne leur manquent pas, évidemment, et je n'ai point assumé le périlleux devoir de veiller sur leur vertu. Mais enfin, elles sont surtout l'ornement des soirées familiales, des soirées ouvertes, des fêtes qu'un homme galant donne, par exemple, à ses femmes le jeudi, qui est leur jour, leur fête hebdomadaire, au Palais du Sultan comme dans la capitale entière. Pour le reste, la bagatelle, comme disaient nos grands-pères, il y a une autre catégorie de personnes, courtisanes vaguement musiciennes, qui font les frais de petites réunions qu'on s'offre, entre vieux camarades, dans les jardins ombreux, les jours où les femmes n'y sont pas. Celles-là ne sont rebelles à aucune fantaisie, et les réunions intimes où elles figurent s'achèvent toujours de la même façon, très prévue.

Mais nous avons aussi des bonnes fortunes

plus relevées, où le romanesque a sa part. Ce sont celles auxquelles je faisais plus haut allusion et qui se nouent, le soir, sur les terrasses, ou même le jour, dans la rue, sur le chemin des bains.

Les bains jouent dans la vie galante du Marocain le même rôle que l'église ou le grand magasins, « les courses », en général, chez certains peuples plus policés que vous connaissez. Ils sont nombreux, et les femmes y vont souvent, le Coran, comme vous savez, étant un guide d'hygiène excellent et recommandant les ablutions fréquentes.

Les bains de femmes sont séparés des bains d'hommes, et ce n'est point là qu'il se passe rien de déshonnête. Seulement, c'est un excellent prétexte pour sortir que d'aller au hammam. C'est pour cela que les gens opulents ont à domicile tout ce qu'il faut, étuves, piscines, baignoires de marbre, eux dont, cependant, les concubines sont si bien gardées.

La Marocaine est très éprise d'aventures, curieuse, et c'est seulement cette curiosité qui la pousse, car bien rares sont les femmes qui trafiquent de leur beauté. Ajoutez que dans un pays où tout homme à l'aise a une douzaine de compagnes pour le moins, la plupart d'entre elles n'ont, en ménage, que des satisfactions bien platoniques. Elles vont au dehors chercher ce qui leur manque.

Il leur faut d'ailleurs, pour mener à bien la moindre intrigue amoureuse, beaucoup de rouerie, d'autant plus qu'elles appartiennent à un mari plus riche. Les femmes des grands, ce que nous appellerions les femmes du monde, s'il y avait un « monde » au Maroc, sont à peu près inaccessibles; bien gardées chez elles, elles ne sortent jamais qu'à dos de mules, et toujours accompagnées d'un soldat, si leur mari a des soldats, ou tout au moins d'un esclave.

Le Marocain, de son côté, est très voluptueux, et les choses de l'amour tiennent dans ses préoccupations une place importante. Dans les conversations entre hommes, une fois épuisés, rapidement, les sujets banals, les bruits recueillis à la mosquée, les événements du jour, la politique, par hasard, on en revient bien vite aux bavardages érotiques. Chacun conte ses dernières bonnes fortunes — ou celles des amis, des voisins — et cela avec une abondance, une précision de détails, une crudité de paroles, une naïveté, pourrait-on dire, qui attestent combien on trouve tout cela naturel à la fois et digne de retenir le meilleur de l'attention d'un honnête homme. Et quelles aventures! Les gens de lettres les moins préoccupés d'écrire « pour les petites filles dont on coupe le pain en tartines » tourneraient plus de sept fois leur plume dans l'encrier, avant de se risquer à les narrer. Et encore je ne vise même pas, ici, tout un côté trop scabreux des mœurs marocaines, et sur lequel M. Moulliéras à donné, dans son volume, *le Maroc inconnu,* de copieux et peu édifiants renseignements!

Or, ce sujet lui-même, on l'aborde avec une
égale désinvolture. Petites joies de la nuit dans
les alcôves, parties fines du jour ou du soir dans
les jardins fleuris, en compagnie de gitons ra-
massés dans la rue, on avoue tout, sans hypocrisie, sans fausse honte.

Entre deux anecdotes, on échange des conseils.
Je vous ai dit que l'amphytrion soucieux de
faire passer à ses invités une soirée parfaitement
agréable ne manquait jamais de mêler au thé
qu'il leur offre l'ambre gris, réputé par ses vertus aphrodisiaques. L'une des plus délicates atten-
tions qu'on puisse avoir pour un ami un peu
lassé par ses prouesses, c'est de lui offrir quelque précieuse pastille propre à atténuer ses dé-
faillances, ou encore de lui indiquer une de ces
formules mystérieuses qu'on se repasse de main
en main dès qu'on en possède le secret. Ah! les
aimables « spécialistes », fermiers attitrés de la
publicité des rambuteaux, les fabricants de dro-
gues merveilleuses pour ranimer les restes d'une

ardeur qui s'éteint, auraient, dans le Maroc, un merveilleux domaine à exploiter!

L'amour, là bas plus qu'ici, excuse et justifie tout. Pour une petite fête, un rendez-vous, un ami de Fez vous offrira plus facilement son jardin et son pavillon qu'un ami de Paris sa garçonnière. C'est admis qu'on demande sans façons et qu'on rende sans emphase ces menus services. On en échange bien d'autres, dans cet ordre d'idées! Que si, au milieu d'une fête entre hommes, l'une des musiciennes amenées par votre hôte vous agrée, n'hésitez pas à le montrer. Il n'est pas de plaisir qu'on ne soit enchanté de vous faire, quand c'est pour le mauvais motif.

Et il arrive qu'on soit tenté ainsi, car les minois aguichants, les beaux corps ne sont pas rares parmi ces filles, moitié courtisanes, moitié musiciennes, et le costume de la Marocaine est seyant. C'est, sur une chemise de fil, un caftan de couleur, à larges manches, et que ferment, devant, d'innombrables boutons. Par dessus,

un vêtement blanc, léger, longue tunique trans-
parente qui laisse voir l'éclatante nuance du
caftan et que retient à la taille une ceinture
de cuir brodée d'argent ou d'or, de quatre doigts
de largeur. Comme coiffure, un mouchoir de
soie voyante enserrant le front, les oreilles, et
noué en arrière sous les cheveux nattés, d'opulents cheveux noirs — toujours noirs et toujours opulents ; et, s'il leur manque une de ces
qualités, eh bien, on y supplée le moins mala-
droitement qu'on peut. Aux pieds, des babouches de velours brodées d'or et de soie. Et sur
le tout, scintillant et tintinnabulant, des bijoux en abondance, fils d'or et de clinquants, se-
quins dans la chevelure ; sur le front, le *tâba* en
or, enrichi de pierreries, large comme un douro,
bracelets en quantité aux poignets, lourds anneaux aux pieds, bagues à tous les doigts ; plus,
chez les très élégantes, une montre accrochée à la
ceinture, avec la boîte à poudre et le petit miroir
à main. Même, pour aller à quelque fête, à un

mariage, si on ne s'estime pas assez richement
parée encore, on empruntera sans rougir à ses
amies leurs propres bijoux pour une ou deux
semaines, au besoin. Mais on les rend toujours,
on y met autant de coquetterie qu'à s'en parer.
Ce sont là usages courants, comme d'emprunter,
pour y recevoir ses amis, une maison plus dé-
cente que celle qu'on possède.

Et ces femmes sont — épouses ou filles de
joie — des âmes simples, ignorantes à réjouir le
bonhomme Chrysale, ne sachant presque jamais
lire et ayant appris seulement à coudre et à bro-
der. Elles n'abusent pas, sans doute, de ces talents bourgeois et leur vie s'écoule dans une
douce oisiveté. Les soins mêmes du ménage leur
sont étrangers. Les esclaves s'en acquittent;
d'ailleurs ils sont peu chargés, les menus étant
assez monotones. Et toutes, les concubines
comme les plus humbles servantes, vivent dans
l'intimité la plus complète, bonnes camarades :
leur condition diffère si peu, et un caprice

du maître peut si vite les rapprocher encore !

Comme dans tous les pays d'Islam, les harems sont rigoureusement fermés à tout homme. Dès qu'un étranger à la maison en franchit le seuil, un cri de « *Treck !* » avertit les femmes de fuir et de se cacher. Mais vous les sentez aux aguets, épiant, et parfois percevez des murmures discrets, de petits rires étouffés. Il leur est défendu de se montrer, mais non d'être curieuses. Et d'ailleurs, elles n'obéiraient pas à une exigence aussi tyrannique.

On m'a conté que des hommes recourent quelquefois à cette ruse féminine. Ce sont d'exigeants fiancés qui ne veulent pas, comme fait cependant tout le monde, au Maroc, épouser, sans l'apercevoir au moins, celle qu'on leur destine, et qui demandent à leur mère de faire venir chez elle la femme qu'on leur réserve. Ils contemplent un moment à la dérobée, dissimulés derrière un rideau, la fiancée qu'ils ne reverront plus qu'au matin de leurs noces.

Sans entrer dans de longs détails sur le mariage arabe, dont il a souvent été parlé un peu partout, dont on a décrit les fêtes interminables, les bombances de Gamache, je rappelle, en passant, que l'épouse est choisie par les parents du jeune homme; que c'est le mari qui dote sa femme, ou plus exactement qui l'achète, contre un lit, des bijoux, un trousseau, des cadeaux. Il peut, avec moins de façons encore, la renvoyer, alors même qu'elle n'aurait pas de tort grave, pour un oui ou un non, parce qu'elle a cessé de plaire : il lui en coûte la dot, tout ce qu'elle a reçu en donation au mariage, et qu'elle emporte, plus vingt-cinq centimes d'honoraires au notaire qui enregistre le divorce.

On a voulu représenter les Marocains comme des êtres brutaux, préoccupés seulement de satisfaire des désirs généralement ardents, mais incapables d'un sentiment tendre. Quelle erreur! On m'en a cité qui affectaient dans leurs rapports avec la femme un tact, une délicatesse que leur eussent enviée bien des Européens, et qui, le mariage une fois célébré, dépensaient de longues semaines à se faire aimer, prodiguant les complaisances, multipliant les soins délicats, jaloux de n'obtenir que du libre consentement de l'épouse enfin conquise ce qu'ils étaient en droit, après tout, d'exiger.

Peut-être, me direz-vous, sont-ce là des exceptions. C'est bien possible. Et d'ailleurs je ne vous parle ici que de gens d'une condition élevée. Les pauvres diables y mettent, sans doute, moins de formes et sont aussi moins bien partagés. Il faut avoir visité un jour, par curiosité, les maisons closes de la Kasbah, pour se rendre compte près de quel bétail lamentable et repoussant, tout peint, tout fardé qu'il soit, un pauvre soldat du Makhzen, par exemple, peut assouvir ses appétits charnels.

Ces malheureux, pourtant, sont mariés quelquefois. Ils connaissaient la douceur d'avoir un foyer, avant qu'un ordre de Sidna les appelât

pour la *harka*. Ils sont partis, laissant leurs femmes qui s'en sont retournées chez leurs parents,
avec les enfants s'il y en a, ou qui se livreront,
pour vivre, à quelque travail, si elles en trouvent.

Arrivé à Fez, en attendant qu'il aille en co-
lonne, l'homme vit comme il peut, avec sa solde
de vingt-cinq sous par jour — ou du moins ce
qu'il en touche de temps à autre. Les passions
coûteuses lui sont, vous pensez bien, interdites
à ce prix, — même au Maroc. Il n'a que la ressource du lupanar, peuplé du rebut des filles
galantes de la capitale.

Parfois, quand on tarde à l'envoyer en expédition, il se remarie pour avoir un intérieur et surtout pour pouvoir vivre. Ce n'est pas toujours
facile, aux jours où le Trésor chérifien est à sec,
ce qui arrive. Il lui reste, il est vrai, la ressource
de reprendre le métier qu'il exerçait chez lui, et
de menuiser, tailler des vêtements, des babouches
jaunes entre deux corvées de service, entre
l'exercice et la parade, ou même pendant les

heures de la manœuvre qu'il oublie de temps à
autre, et qu'il « sèche ». Et cela vaut toujours
mieux que d'aller courir les bouges de la Kasbah autrement qu'en curieux. Ils méritent une
visite, étant par endroits assez pittoresques, mais
pas plus.

De même, on ne s'attarderait pas volontiers
dans le quartier juif de Fez. C'est pourtant
une des curiosités de la capitale marocaine.

On peut avoir une idée à peu près parfaite de
ce que pouvait être, au moyen âge, la vie des
Juifs parqués dans des enclos fermés de chaînes,
d'où il leur était interdit de sortir la nuit tombée. C'est le *ghetto* : un lieu sinistre. Ah ! quelle
condition que celle de ces parias dont les Fasis
daignent, en cas de nécessité, agréer les services,
mais qu'ils méprisent : honnis, maltraités et se
vengeant comme ils peuvent, par des rapines,
des extorsions, heureux dès qu'ils ont roulé l'ennemi, le client, et encaissé quelques douros.

Ils se livrent aux industries et aux commerces

les plus divers. Beaucoup sont bijoutiers. Ils ont leurs magasins dans les divers quartiers de la ville et y vaquent le jour, à peu près en paix, à leurs affaires. Seulement, le soir venu, il leur faut regagner le quartier maudit et les logis sordides où ils habitent.

D'aucuns sont riches. Ceux-là même vivent misérablement. Le grand rabbin aurait, dit-on, trente millions au moins, à lui. On lui ferait l'aumône quand on le rencontre.

Il est interdit aux Juifs de porter des vêtements blancs ou de couleurs claires, pas même le fez rouge. Il leur est interdit de monter à cheval ou à mules; ils ne peuvent aller qu'à pied.

Ils sont entassés dans des maisons pareilles exactement aux maisons marocaines, élevées de un, deux étages, ce qui est rarement le cas de celles-ci. L'hygiène n'y gagne pas, au contraire. Le quartier ne peut s'étendre: il s'élève, et la race s'y comprime. Souvent une famille entière loge dans une seule chambre, croupissant dans

la plus répugnante prosmicuité, dans la puan-
teur, la saleté. La faute en est à la dure loi qui
opprime la race.

Le grand rabbin est le véritable souverain de
ce quartier, le souverain responsable vis-à-vis du
Sultan et du Makhzen, mais omnipotent chez lui
et juge en dernier ressort, avec, probablement, la
collaboration des Anciens, d'un consistoire quelconque. Et comme en ce pays quiconque a la puissance a la richesse aussi, on s'explique aisément
la fortune colossale qu'on lui attribue. C'est lui
qu'on sollicite pour les faveurs, pour les grâces,
lui qu'on remercie des avantages obtenus.

Les mœurs, ici, sont plus relâchées que dans
la Fez musulmane. On s'y enivre d'abord de vin,
de *mahia*, cette fameuse anisette que les Juifs
vendent aux Fasis en leur jurant — mensonge
d'un côté, hypocrisie de l'autre — qu'elle ne contient pas d'alcool. Et des orgies sans nom sui-
vent ces saoûleries, justifiant amplement le mé-
pris des musulmans, habitués à conserver tou-

jours, même dans leurs débordements, une dignité au moins très décorative.

Quand elles ont atteint cinq ou six ans, on songe à marier les filles : j'entends qu'on les confie, qu'on les abandonne au quidam qui consent à les prendre pour épouses.

Tant de misère d'une part, tant d'abjection de l'autre expliquent que nombre de jeunes Juives quittent, dès qu'elles le peuvent, cet enfer et abjurent la religion de leurs pères pour se convertir à l'islamisme.

Elles se jettent alors chez le cadi, le pacha, ou même directement au Palais, où elles sont sûres d'être accueillies. On en voit qui attendent la sortie du Sultan et se jettent aux pieds de son cheval, le suppliant de les protéger. Les femmes, ici ou là, les recueillent. Elles leur passent les mains au henné, et, le plus souvent, leur tatouent, sur le front, entre les deux sourcils, un petit dessin bleu assez semblable à une fleur de lys, et, de la bouche au menton, leur tracent une ligne. C'est une

LE CHEMIN DE FER PARTICULIER DU SULTAN AU PALAIS DE FEZ

sorte d'emprise. Ainsi, elles ne peuvent plus retourner au *ghetto*. On les garde au harem jusqu'à ce qu'il que se présente pour elles un épouseur. Et comme le Sultan les habille, les dote, elles sont rarement embarrassées pour trouver un parti. Quelque *mokkazni*, un petit employé du Palais se dévoue volontiers, alléché par la dot, d'autant que ces Juives de Fez sont souvent fort jolies, en leur adolescence. Cela ne dure pas plus qu'un déjeuner de soleil, mais enfin !...

Ce cas est assez fréquent pour que des ethnographes aient vu, dans ces croisements répétés des races, une raison de l'amollissement, de la dégénérescence du caractère marocain chez les Fasis.

Il me faut bien, enfin, vous parler de... l'esclavage. Car qui ignore qu'il existe encore au Maroc ?

Eh oui ! et les âmes tendres, les philanthropes de tout poil n'y songent pas sans rougir. La « libération des esclaves » est même probablement la première réforme qu'eût apportée la France au peuple marocain, si la politique dite de « pénétration pacifique » avait eu plus de succès; et c'est aussi, précisément, la crainte de ce présent humanitaire qui a été l'une des raisons de l'hostilité que nous avons rencontrée, peut-être, — qui sait? — de la part des esclaves eux-mêmes.

Donc, à Fez comme à Marrakech, il y a, trois fois par semaine, un marché public d'esclaves. Il se tient, ici comme là, sur une petite place, et je l'ai vu bien souvent en pleines transactions. Mais aussitôt qu'on m'avait reconnu, malgré mon costume arabe, on causait d'autre chose. Il n'y avait plus là que des hommes et des femmes s'entretenant de leurs petites affaires, ou songeant. Quant à sortir un appareil photographique et à prendre un cliché, il n'y fallait pas songer.

Pourtant, j'ai très bien saisi le fonctionnement des affaires. Qu'on n'imagine pas, d'ailleurs, une grande foire à la chair humaine. On ne voit guère défiler, dans une seule criée, que dix à douze esclaves, hommes et femmes.

Les amateurs étaient accroupis à terre, sur leurs
talons, autour de la place, attendant l'arrivée de
la marchandise. Lentement, sous la conduite du
dellal, du crieur public que j'avais vu, d'autres
fois, promener ainsi des bijoux, ou de vieux
habits, l'esclave passait de groupe en groupe. Le
crieur disait son prix, le prix qu'on en demandait. Les acheteurs auxquels elle pouvait convenir questionnaient, s'enquéraient de l'âge de la
pauvre créature, de ses antécédents; ils s'inquié-
taient des maladies qu'elle avait pu avoir, la pal-
paient, la tâtaient, comme ils eussent fait d'un cheval ou d'une mule, des seins aux pieds. Elle demeurait indifférente, priant peut-être Allah de l'adjuger à un bon maître, mais sachant bien, d'autre part, que si elle tombait sur un trop mauvais,
elle avait le moyen de se dérober à ses sévices, faite
à son sort, et ne concevant pas qu'elle pût, à un
moment donné, remplir sur la planète un autre
rôle que celui d'esclave. Et quand, enfin, après bien
des discussions, des examens, des marchandages,

c'était affaire conclue, tous trois, l'acquéreur, le *dellal* et l'esclave, on s'en allait chez l'*adoul*, chez le notaire chargé de ratifier la vente, de dresser l'acte régulier. L'esclave a toujours sur lui une sorte d'état signalétique indiquant son origine, ses états de service et les prix successifs auxquels il a été vendu : il n'y a qu'une ou deux lignes à ajouter pour constater son entrée dans une maison nouvelle. Il n'en irait pas autrement pour la vente d'une bête de somme ou de trait : mais celle-ci n'a pas de « papiers ». Et c'est toute la différence entre l'esclave et elle.

Les esclaves qui paraissent sur les marchés publics ne sont jamais des esclaves de prix : 150, 200 francs. Quand on veut avoir un sujet choisi, il faut se transporter à domicile, chez le marchand.

D'ailleurs, il fait aviser la clientèle quand il a reçu un beau lot, négresses du Soudan ou de la région de Marrakech, petites fille razziées, comme un bétail, dans les guerres entre tribus,

ou belles Circassiennes amenées à grand frais de
Stamboul. Et les amateurs ne se font pas prier
pour accourir et faire leur choix.

Ils sont reçus aussi cérémonieusement que
dans le traditionnel « dernier salon ». On leur
offre le thé à la menthe, et même à l'ambre. Des
femmes arrivent, qui sont précisément les esclaves à vendre. L'une apporte le sucre, l'autre les
tasses et le plateau ; celle-ci donne l'eau ; celle-là
allume le réchaud. Elles se présentent ainsi dans
l'exercice même de leurs fonctions habituelles, et
l'amateur peut juger de la bonne grâce qu'elles
y déploient, puis, si quelqu'une arrête particulièrement son attention, la retenir, causer avec elle
un instant. Quand elle est sortie, sur un signe,
on discute les prix. Ils sont, ici, souvent assez
gros : 2 5oo, 3 ooo francs, couramment. Une Circassienne de choix vaut jusqu'à 20000 francs.
Mais elles sont rarissimes. Elles sont belles ; elles
sont aussi plus instruites que les esclaves afri-
caines, dont toute la culture se borne à savoir les

quelques versets du Coran relatifs à leurs devoirs; elles sont, enfin, préparées à la vie du harem.

On ne peut prononcer devant nous ce mot d'esclavage sans évoquer aussitôt des idées de fourche, de chaîne, toutes les horreurs de la *Case de l'oncle Tom*. Rien n'est plus faux en ce qui concerne le Maroc.

Bien des bonnes à tout faire de France envieraient la condition de l'immense majorité des esclaves de là-bas. Les femmes légitimes et elles vivent sur le pied de la plus grande familiarité, comme je l'ai indiqué déjà. L'esclave sait qu'elle doit bien servir sa maîtresse. Elle s'y applique, certaine d'en être payée par de la confiance, de la douceur, quelque attachement. Dans ces longues journées vides du harem, elle est la confidente, la complice parfois. Il y a moins de distance entre les favorites d'Abd el Aziz et leurs suivantes qu'entre une bourgeoise de chez nous et sa femme de chambre.

Si une esclave a cette fortune d'entrer au lit

du maître, puis d'en avoir un enfant, elle est affranchie par le fait même de sa maternité et élevée au rang de femme légitime, ne travaillant plus, ayant, à son tour, de beaux costumes, des joyaux. C'est une chance à courir!

Le premier soin que prendrait l'esclave à qui vous donneriez sa liberté serait d'aller derechef se revendre. Ainsi, tout esclave acheté par un Européen est affranchi. Que son maître un beau jour le chasse, le jette à la rue, incapable de vivre, il n'aura qu'une ressource : se rendre vite chez le marchand ou chez le *dellal*.

S'il lui arrive de rencontrer un maître cruel, il n'a qu'à le faire savoir au vizir, de façon ou d'autre. Le plus souvent il s'enfuit et se réfugie dans une mosquée. Si surveillé qu'il puisse être, l'évasion est toujours possible à un moment donné. Il est alors fort bien protégé et son propriétaire reçoit l'ordre immédiat de le vendre.

Une fois, à Tanger, mon domestique me demanda de prendre à mon service un nègre de ses amis qui crevait littéralement de faim, et qu'il affirmait devoir me rendre de bons services. J'y consentis, sans autrement m'inquiéter des antécédents de cette homme et admettant de confiance ce qu'il me conta. Mais lorsque nous fûmes à Fez, plus moyen de rien faire de mon nouveau serviteur. Il ne voulait plus sortir, plus quitter la maison, et enfin, poussé à bout, finit par m'avouer qu'il s'était naguère enfui de chez son maître, un Fasi, et qu'il avait peur, en vaguant par les rues, d'être repris et bâtonné. Je mis au courant le ministre des affaires étrangères qui commanda immédiatement au mauvais maître de le remettre en vente. Ce qui fut fait.

Je ne dis pas que tout soit ainsi pour le mieux dans le meilleur des mondes, ni qu'il ne faille pas former des vœux pour qu'un jour venant les choses s'améliorent encore, et qu'enfin la civilisation pénètre au Maroc avec tous ses avantages, toutes ses beautés. Je constate seulement qu'il y a, au côté qui nous révolte dans ces pratiques,

de rudes circonstances atténuantes; que ces
mœurs sont celles de gens pas plus féroces, pour
la plupart, que l'honnête moyenne de nous autres.
J'ajoute que l'esclavage est, dans la réalité, au
Maroc du moins, beaucoup moins effrayant
qu'en théorie, dans les discours de la tribune
aux harangues, et qu'enfin ce serait folie que de
vouloir réformer tout cela d'un seul coup, par
un décret.

On y pourrait parvenir graduellement. Il est
une chose déjà qu'on obtiendrait facilement, ce
serait que les marchés, aujourd'hui publics,
devinssent clandestins. La morale, tout au fond,
n'y gagnerait pas, mais le principe serait sauf.
Déjà, les Marocains ont quelque honte à trafiquer
publiquement de la chair humaine. Dès qu'un
Européen s'approche, j'y insiste, on arrête les
enchères; tant qu'il demeure là, on ne les reprend
pas. C'est déjà du terrain gagné. Enfin, au Maroc,
les gens sont extrêmement rares qui accouplent
des esclaves pour revendre leurs enfants, et cette

pratique est universellement réprouvée. Autre victoire sur les mœurs anciennes.

Seulement, ici plus que partout ailleurs, il faut agir prudemment, sous peine de ne rien obtenir : la preuve vient d'en être faite, malheu- 'sement.

La France au Maroc. — La « Pénétration pacifique ».

Sans répondre aux propositions qu'était venue lui soumettre, à Fez, la mission conduite par M. Saint-René-Taillandier, ministre plénipotentiaire et envoyé extraordinaire de la République française ; sans presque avoir discuté le plan de réformes pour la réalisation duquel notre Gouvernement lui demandait son assentiment, sa coopération, le sultan Abd el Aziz vient de notifier sa décision de faire appel à une conférence internationale qui statuerait sur notre programme.

Tel est le résultat de six mois, bientôt, de négociations préliminaires. C'est l'échec de la politique que poursuivait la France au Maroc depuis des années, et à laquelle les accords diplomatiques signés, en 1904, avec l'Angleterre et l'Espagne, et qui mettaient fin à des compétitions ardentes, semblaient avoir définitivement assuré le succès.

Si quelqu'un a été surpris de cet avortement, ce n'est certes pas moi. Et pour qu'on ne m'accuse pas de venir jouer ici, après coup, le prophète à bon compte, je vais exposer mes raisons. Puisqu'il faut bien parler politique, parlons-en, sans acrimonie, comme aussi sans complaisance.

On sait, du reste, que ce n'était guère là ma vocation. J'ai déclaré déjà qu'en arrivant au Maroc je n'avais qu'un désir : remplir honnêtement la tâche pour laquelle j'avais été appelé, faire en paix ma petite affaire, sans autrement me soucier des vastes projets par quoi les destinées des peuples peuvent être changées. Ce sont là jeux de princes ou de diplomates. Je me suis toujours efforcé de tenir ces bonnes résolutions.

Mais les circonstances firent que Mouley Abd el Aziz m'accordât une petite part de sa confiance et que la politique, tout à coup, devint si envahissante qu'on ne pouvait plus s'en désintéresser, quelque envie qu'on en eût.

Le Sultan, que j'avais connu si enfant, si insouciant, s'était rapidement assagi et orienté. par force, vers des préoccupations graves. De temps à autre, il me faisait l'honneur de me questionner sur les événements dont nous étions témoins, qu'il nous fallait bien suivre. Je lui répondais de mon mieux, en toute loyauté. Et, partagé entre deux sentiments, la gratitude, le respectueux et sincère attachement que j'ai voués à Abd el Aziz et mon amour pour mon pays, que j'aurais voulu pouvoir servir plus utilement encore, j'ai toujours rempli, avant tout, mon devoir de bon Français, tel que me le dictait ma conscience.

Quand je quittai Fez, à la fin de 1904, rappelé

à la côte avec tous les Européens, je ne conservais aucune illusion sur l'accueil qui serait fait à la mission française dont l'arrivée, depuis quelques semaines annoncée, était retardée sans cesse, ni sur le résultat final de ses travaux.

Dans les jours qui précédèrent mon départ imprévu, j'eus avec le Sultan plusieurs entrevues. Nos entretiens, francs, abandonnés de part et d'autre, ne laissèrent dans mon esprit aucun doute sur ses intentions, sur sa résolution bien arrêtée de se défendre.

L'avant-dernière fois que je le vis, je passai deux heures entières près de lui, à causer.

La conversation sérieuse s'engagea sur une question d'Abd el Aziz, touchant justement la mission française dont nous n'entendions plus qu'à peine parler.

— Sais-tu, me demanda-t-il, si la mission est en route?

— Je ne crois pas, répondis-je; et même, je doute qu'elle vienne.

— Et pourquoi donc? fit-il, ouvrant de grands yeux surpris.

— Parce qu'il y a des troubles sur la route de Tanger à Fez, que les chemins ne sont pas sûrs pour venir jusqu'à toi, et qu'il lui faudrait aller passer par Larache. Et tu dois comprendre combien il est fâcheux que l'ambassadeur d'une puissance comme la France ne puisse venir voir le Sultan du Maroc sans être obligé de faire un détour pour ne pas s'exposer à être arrêté, attaqué. Le Gouvernement français ne peut pas être content de toi. Sur notre frontière d'Algérie, nous avons à chaque instant des troubles. Les Européens de la côte, eux aussi, ont souvent des ennuis graves avec tes sujets. C'est à nous qu'ils s'adressent maintenant pour obtenir réparation, puisque, désormais, c'est nous qui sommes, dans tes États, les gardiens de l'ordre. Non, la France ne peut pas être satisfaite, et tu dois le sentir, car tu es juste.

Il ne répondait pas. Je repris :

— Ce serait si facile, je crois, de faire revenir l'ordre au Maroc. La mission militaire pourrait t'aider grandement. Chaque fois que tu lui as demandé son concours, elle a été heureuse de te le prêter. Elle est prête à te servir avec dévouement. Mais tu ne lui donnes seulement pas de soldats à instruire, ou le moins que tu peux.

— Écoute, me dit alors Abd el Azi; écoute, cette mission ne m'est vraiment pas bien utile, et elle me coûte beaucoup d'argent. Je viens d'écrire pour qu'on la retire.

Voilà comment j'appris le congé donné à la mission militaire française. J'en demeurai stupéfait.

— Pardonne-moi, dis-je à Abd el Aziz, de te parler ainsi, mais si vraiment tu as fait cela, c'est très grave. Qui a pu te donner un pareil conseil? La France a déjà de sérieuses raisons d'être mécontente. Elle comptait sur ses officiers pour la seconder dans la tâche qu'elle a acceptée de ramener le calme ici. Elle va se trouver

JARDINS DU SULTAN A FEZ

Au centre, sous le hangar vitré, la fontaine d'eau de Cologne offerte par Guillaume II.

gravement offensée de ton attitude... C'est peut-être la guerre !....

Abd el Aziz ne se troubla pas, comme je l'avais espéré, lui que je savais si pacifique, si calme. Evidemment, on l'avait travaillé en conscience.

— Tu n'ignores pas, continuai-je, que cent mille hommes sont là, à la frontière algérienne, prêts à entrer chez toi. Cent mille hommes !...

— Bast ! répondit, très tranquille, le Sultan. Qu'est-ce que cent mille hommes, quand mon peuple tout entier peut prendre les armes, si on l'y pousse? En rien de temps, vos cent mille hommes seront anéantis.

Décidément, on m'avait changé Sidna. Il semblait résolu à tout, plutôt que de céder.

— Mes hommes, ajouta-t-il, ne sont pas comme ceux de l'Algérie ou de la Tunisie. Ils sont braves. Ils sortent de terre au moment où on s'y attend le moins.

— Possible. Mais si les soldats qui sont en Algérie ne suffisent pas, on en enverra de France.

— Combien en avez-vous ? questionna Abd el Aziz incrédule.

— Un million ! jetai-je au hasard.

Il rit.

— Rien que ça ? J'ai cinq millions d'hommes dans mon pays.

— Oui, mais tu n'as ni fusils, ni canons ; pas de cartouches, pas de boulets.

Et je montrai les bateaux de guerre, les « frégates » françaises arrivant à toute vapeur dès la déclaration de guerre, occupant les ports, surveillant la côte, empêchant l'entrée de toute contrebande de guerre, armes ou munitions, et de l'argent même, si nécessaire pour faire la guerre.

J'évoquai des tableaux de batailles, les hommes mitraillés, fauchés sans savoir d'où leur vient le coup, des files entières s'écroulant comme il avait vu faire le mur, le jour où nous essayions le canon d'Oudjda, et je lui peignis l'effroi de ses soldats se débandant aux premiers obus.

Il commençait à s'ébranler.

— Peut-être. Tout ce que tu dis est possible. Mais nous vous tuerons aussi beaucoup d'hommes, et vous allez dépenser bien de l'argent.

— Tu ne peux pourtant pas douter, ajoutai-je, que, si la France s'aventure dans une guerre pareille, il faudra bien qu'en fin de compte elle demeure victorieuse. Elle ne pourra plus reculer. Elle ne s'arrêtera que lorsque ton pays sera entièrement sous sa domination, toi tué à la guerre, à la tête de tes troupes, ou exilé.

« Tout cela, en vérité, est bien égal aux gens qui te poussent. Ce sont probablement ceux qui se sont enrichis à ton service, et veulent continuer à s'enrichir. Ils ont peur de te voir faire des réformes utiles à ton pays et suivre les conseils de la France. Ils ont peur que le jour où tu découvriras toute la vérité, tu ne les mettes en prison et confisques leurs biens. Qu'ont-ils à perdre à une guerre? Ils savent que la France, maîtresse du Maroc et d'eux, ne les dépouillera pas, et qu'ainsi ils pourront continuer à jouir en paix de ce qu'ils ont acquis aux dépens de toi et de ton peuple.

Abd el Aziz achevait d'y voir clair. Mais ce qu'il ne comprenait pas, c'était pourquoi la France voulait, d'un coup, toutes les réformes qu'on lui avait fait entrevoir qu'elle allait entreprendre ; pourquoi elle voulait s'installer au cœur même du pays, dans sa capitale.

Je tentai de lui faire entendre que les Européens, ayant beaucoup d'intérêts, et très gros, au Maroc, ne pouvaient réellement être tranquilles tant que le pays serait livré, comme il l'était, à l'anarchie, et toujours sous le coup de rébellions, de guerres entre tribus.

— Mais pourquoi si vite? Faites sur la côte tout ce que vous voudrez, mais ne touchez pas à la Ville Sainte, ne touchez pas à Fez. Car moi, dont tu connais les sentiments, je serais pourtant incapable de résister aux colères que vous soulèveriez, et ce sont les chefs religieux qui

déchaîneraient la révolte. Et alors, que devien-
driez-vous, vous tous qui habitez Fez?

— On nous ramènerait à la côte, répondis-je.

— Mais vous seriez tous massacrés aupara-
ravant. Je ne pourrais même pas vous protéger.

— Ici, à Fez, reprit-il, vous pouvez toujours
envoyer des commerçants, et alors les Fasis,
tous ceux de nos sujets qui viennent vers la
capitale au moment des fêtes ou qu'y amènent
leurs affaires s'habitueront peu à peu à vous
voir, à commercer avec vous. Ils vous appré-
cieront, deviendront vos amis. Mais pourquoi,
encore une fois, brusquer les choses?

« Je comprends parfaitement, et tu le sais
mieux que personne, que mon pays ne peut plus
rester tel qu'il a été jusqu'à présent, qu'il doit
s'ouvrir plus largement aux Européens. Mais
du moins qu'on commence par la côte et qu'on
s'avance peu à peu vers l'intérieur. Qu'on tente
même, si l'on veut, quelque chose du côté de
Marrakech. Peut-être qu'un chemin de fer de

cette capitale à la mer ne soulèverait pas de grandes difficultés. Mais, encore une fois, abandonnez pour le moment le projet de rien faire à Fez. Laissez-y agir peu à peu les commerçants et n'excitez pas les passions religieuses.

« Car, enfin, tu vois bien que je n'aurais nulle autorité, ici, pour empêcher une révolte. Les oulémas seraient les plus forts. Et alors?... La France m'aiderait-elle à châtier les rebelles?... Oui, ton *bachadour* (l'ambassadeur) va me le promettre. Mais il mentira, comme lui mentent tous mes ministres à moi. »

Et ici il convient d'ouvrir une parenthèse : c'est un axiome, au Maroc, que tout diplomate, tout homme qui touche, de près ou de loin, à la politique est un menteur, par prédestination, par devoir. Au demeurant, le meilleur fils du monde! Lorsque le vieux Si Fedoul Gharnet, ministre des affaires étrangères sous le défunt Sultan, et aujourd'hui encore grand vizir, à plus de quatre-vingts ans, fut disgracié par Mouley

Hassan pour je ne sais quelle rapine, et même sur le point d'être embastillé, il s'en alla trouver son maître :

— J'ai appris, lui dit-il, que tu allais me mettre en prison. Que la volonté de Sidna soit faite. Pourtant j'ai bien réfléchi. Je ne crois pas que tu puisses me remplacer. Jamais tu ne pourras, dans tout ton empire, trouver un homme qui sache aussi bien que moi, mentir aux Européens.

Le Sultan rit beaucoup et pardonna. Si Fedoul Gharnet demeura en place et s'y est adroitement maintenu.

Mais revenons à Abd el Aziz, à ses inquiétudes que j'entrevoyais.

Mes déclarations avaient évidemment produit quelque impression sur son esprit mal affermi. Il se sentait impuissant, ballotté entre deux courants opposés. J'aurais voulu le décider, emporter ses dernières résistances.

Je lui soumis l'idée d'offrir à la France, dans

la plénitude de son droit de souverain, et pré-
venant les propositions qu'allait lui soumettre
un jour ou l'autre le *bachadour* de la République, une sorte d'accord analogue à celui
que nous venions de signer avec l'Angleterre et
l'Espagne, traité parallèle et qui lierait les deux
parties contractantes, serait la charte de leurs
rapports réciproques Il ne fallait pas attendre
qu'on lui imposât des réformes. Il fallait les
offrir, et demander librement le concours du
gouvernement français pour les réaliser. L'accord
serait publié dans les journaux du monde entier,
ajoutais-je, et serait d'autant plus inviolable.

J'avais quelques raisons de supposer que ce dernier argument toucherait beaucoup Abd el Aziz.
Je l'avais beaucoup entretenu de la puissance
actuelle de la presse et de son rôle souvent excellent. Ce n'est pas dans l'espoir de recueillir des
remerciements, mais si les journalistes qui
accompagnaient à Fez la mission française ont
été reçus par Abd el Aziz, c'est, pour la plus

grande part, à mon insistance qu'ils le doivent.

C'est moi qui étais chargé de faire connaître au Sultan l'opinion des journaux français sur le Maroc et sa politique. Il s'en inquiétait beaucoup, et voulait savoir tout, absolument tout ce qu'on disait de lui. Je le prévins qu'il entendrait parfois des choses désagréables. Tant pis! il insista.

Il riait de bon cœur de certaines assertions contenues dans les articles que je lui traduisais.

— Mais, interrompait-il, tu sais bien que ce n'est pas vrai!

— Certes, ripostais-je. Mais comment veux-tu qu'ils le sachent. Ils n'ont, pour les renseigner, que ce que disent les Européens de Tanger, c'est-à-dire la légation, le ministère à Paris.

Et même, n'étais-je pas allé jusqu'à lui conseiller de faire appel, lui aussi, au concours de la presse, pour faire connaître son opinion, ses desseins et répondre à tous les on-dit? C'est dans le même ordre d'esprit qu'avant de lui dire adieu je l'ai poussé à donner audience aux journalistes, s'il en venait avec la mission, comme nous nous y attendions ; de faire porter par eux ses déclarations à l'opinion publique par dessus la tête des officiels. Il l'a fait, comme vous savez.

Détail amusant : ce fut la chute du général André, dont je lui narrai les péripéties, qui l'éclaira définitivement sur l'ascendant de la presse. Il fut dès lors converti à mes théories.

Le parti que je lui suggérais, dans l'arrangement de puissance à puissance avec la France, souriait assez au Sultan, de prime abord. Puis il y vit une objection :

— La France, me dit-il, est trop sûre d'elle et de sa force. Elle se croit à même de pouvoir aisément me dévorer quand il lui plaira. Elle croirait s'abaisser en traitant avec moi.

Je lâchai prise, mais n'abandonnai pas l'idée de faire appel, par l'entremise de la presse, au Parlement français, à l'opinion tout entière, et je lui demandai la permission de résumer, sous

la forme d'une courte lettre ouverte au Président
de la République, que j'adresserais à un grand
journal de Paris en lui demandant de l'insérer,
les déclarations qu'il venait de me confier. Il
m'en pria.

Notre conversation, quand il se la rappela,
qu'il y réfléchit, frappa vivement Abd el Aziz.
Moi parti, il faisait mander M. Gaillard, consul
de France à Fez, pour l'entretenir de la situation.
Puis il convoqua à leur tour les ministres. Après
quoi, il écrivit une seconde lettre atténuant l'effet
de la première, la révoquant. Ainsi il se disait,
comptant sur les traditionnelles lenteurs diplomatiques, qu'avant que le ministre de France
eût pu préparer à Tanger sa réponse, il aurait
reçu cette amende honorable. L'incident serait
évité.

Cependant notre légation avait, cette fois, été
vite en besogne, et, avant les cinq jours que mit
pour gagner Tanger le dernier courrier impérial,
l'ordre arrivait très ferme, au consul de France,

de rompre toutes relations avec le Makhzen et, dans les huit jours qui allaient suivre, de revenir à la côte en y ramenant tous les Européens résidant à Fez. Le ministre des affaires étrangères du Sultan était immédiatement avisé de cette mesure, et mettait à son tour Abd el Aziz au courant de ce grave incident.

Donc, quand je me rendis, le 28 décembre, au Palais pour lui soumettre . texte de la lettre au Président de la République, le Sultan savait tout.

Il n'était ni inquiet, ni nerveux, comptant bien toujours sur l'effet de sa seconde missive qui devait maintenant être parvenue à Tanger.

— Que vas-tu faire ? me demanda-t-il après les premiers mots échangés sur la situation.

— Mais, dis-je, obéir à mon gouvernement et partir.

— Mais non, répliqua-t-il. Vous ne partirez pas, ni les uns ni les autres.

Je lui lus le brouillon de lettre que j'avais

rédigé. Il l'approuva pleinement, me demanda de l'expédier.

— Je l'emporterai moi-même, dis-je, puisque je rentre en France.

Il souriait, haussait doucement les épaules, faisait des gestes de dénégation, très incrédule.

Je lui fis pourtant mes adieux, le remerciant une fois encore des bontés qu'il n'avait cessé de me témoigner. Mais il me vit m'éloigner très convaincu qu'il me reverrait bientôt. Ç'allait être une question de quelques mois, en réalité.

Abd el Aziz avait trop compté sur la patience et les tergiversations qui sont vertus diplomatiques. La légation de France se montra, cette fois, extraordinairement nerveuse et précipitée. Nous partîmes, déférant à ses ordres, inclinés devant une autorité qui pourrait, au besoin, s'imposer et qui l'a prouvé.

J'emportais avec moi la lettre qui contenait les intentions d'Abd el Aziz, et, dès mon arrivée à Tanger, je me présentai chez notre ministre. La

premièro chose que j'appris fut que l'ordre de
rappel était annulé et que j'étais libro de retourner d'où je venais, si bon me semblait.

Jamais je ne vis homme plus calme, plus
content de lui que n'était M. Saint-René-Taillandier. La reculade du Sultan était bien faite, au
surplus, pour l'entretenir dans ces sentiments de
quiétude et de satisfaction.

En présence de cette attitude conciliante, le
bachadour s'apprêtait à conduire à Fez la fameuse
mission depuis longtemps annoncée.

Je m'attendais à des questions sur la situation
là-bas, sur ce que je pouvais savoir des dispositions du Makhzen et du Sultan lui-même.
M. Saint-René Taillandier daigna seulement me
demander des renseignements sur l'état de la
route.

Ma foi, je n'eus point l'outrecuidance d'en
offrir d'autres, tremblant qu'on ne m'accusât,
moi chétif, de témérité, de présomption, et qu'on
ne me renvoyât à mon échoppe.

Je n'ai point, non plus, publié ma lettre, la lettre du Sultan, pourrais-je dire. A quoi bon? Mieux valait laisser aller la diplomatie sans la troubler, sans gêner les négociations « délicates » qu'elle poursuivait. Si je la donne ici, c'est à titre de simple document. La voici :

Fez, 28 décembre 1904.

A Monsieur le Président de la République française, à Paris.

Monsieur le Président,

J'ai eu, ces jours derniers, plusieurs longs entretiens avec Sa Majesté le Sultan Mouley Abd el Aziz, et je crois de mon devoir de Français, ami de la paix, de vous envoyer la note ci-dessous, qui résume exactement les pensées et les désirs de Sa Majesté Chérifienne et qu'elle a bien voulu approuver:

La diplomatie française ferait fausse route et créerait entre nos deux gouvernements des malentendus regrettables et de graves conflits, si elle croyait le Maroc en ruines et si elle pensait qu'il n'y a plus qu'à l'annexer sous la forme déguisée d'un protectorat semblable à celui de la Tunisie ou de Madagascar.

Comme par le passé, le Maroc entend rester libre dans l'avenir. Il faut qu'on le sache et qu'on le dise bien haut en Europe.

Notre livre saint, le Coran, sagement interprété, est favorable à tous les progrès, puisqu'il dit qu'Allah est la source de tous les biens. Nos sympathies sont accordées d'avance aux progrès de l'agriculture, de l'industrie, de l'administration.

Nous demanderons volontiers à la France, notre voisine, ses conseils et son concours, mais seulement lorsque nous sentirons le besoin et la possibilité de les réaliser. Mais nous ne pouvons pas admettre qu'on veuille nous imposer des transformations de l'opportunité desquelles nous sommes les meilleurs juges, et encore moins des personnages officiels étrangers, qui prendraient la place de nos chefs indigènes.

A cette atteinte à son indépendance, le Maroc répondrait par un soulèvement général qui revêti-

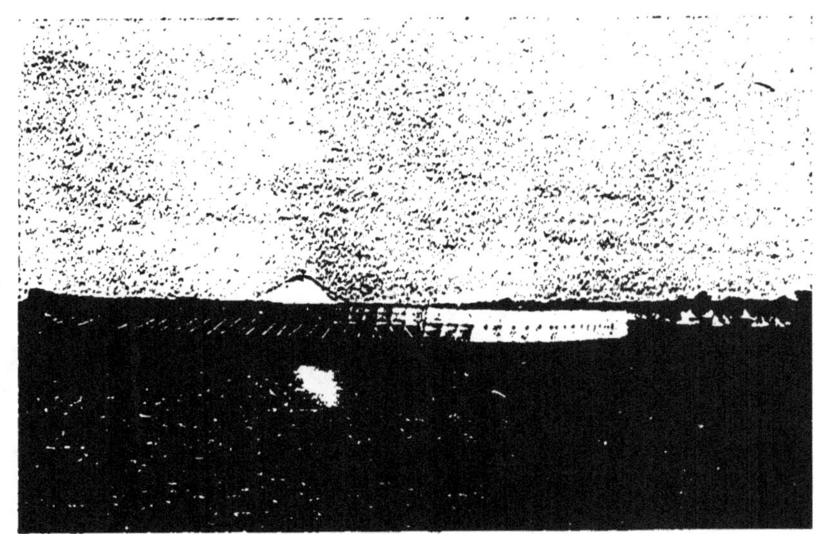

LA TENTE DU SULTAN EN CAMPAGNE

rait bientôt la forme des anciennes guerres saintes de l'Islam contre les infidèles.

Nous ferons bon accueil aux Français de valeur, hommes de science et commerçants, qui viendront chez nous. Ils y pourront donner libre essor à leur initiative et faire valoir leurs capitaux. Mais ce sera à titre privé, sous notre contrôle, avec notre autorisation.

Nous avons constaté avec plaisir que les hommes les plus éminents de la République française ont parlé en faveur de la paix. Nous espérons que, par une déclaration publique et avec la même franchise et la même bonne volonté que nous, vous dissiperez, chez les Marocains, toutes craintes d'intrigues et de manœuvres préliminaires d'une conquête.

Louange à Dieu, et que la paix règne toujours entre la France et le Maroc!

Telles sont, Monsieur le Président, les déclarations que j'ai l'honneur de vous transmettre, au nom de Sa Majesté le Sultan Abd el Aziz, et que je vous prie de vouloir bien recevoir avec l'hommage de mon profond respect.

On sait la suite, et comment l'intervention de l'Empereur allemand, en donnant au Sultan l'espoir d'un appui, le confirma dans les résolutions qu'il avait prises. Je ne retracerai donc point ici l'histoire de ces derniers mois.

Nous voici revenus à la même situation où nous étions à la fin de l'année dernière, avec un peu plus de tension peut-être, plus de nervosité de part et d'autre. Le Sultan se sent appuyé, plus fort. Nous avons vu l'obstacle.

Ce n'est pas mon métier de donner la clé d'une situation que les augures eux-mêmes envisagent comme difficile, mais qui pourtant n'est pas, sans doute, inextricable. Je désirerais seulement, avant de terminer, indiquer brièvement quelques-unes des causes de l'insuccès de notre tentative.

Aucun Européen n'est vraiment bien sympathique aux Marocains. On se défie d'eux. Ils sont, pour tout dire, et à jamais, des infidèles, des ennemis de qui l'on a tout à craindre et bien peu à espérer.

Quand, l'année dernière, le lieutenant de Mac Lean, le frère du docteur anglais Verdon tomba, en tirant un feu d'artifice, de la terrasse de sa maison dans la rue et s'y fracassa le crâne, il n'y eut qu'un cri dans Fez : « Tant mieux ! C'est un de moins ! » Et pas un ministre, pas un fonctionnaire, pas un seul Fasi ne vint à ses funérailles. Notez qu'il avait été quatre ans instructeur de la cavalerie du Makhzen, le familier du Sultan, à qui il apprenait l'escrime au sabre, dont, avec nous, il partageait les jeux ! Voilà, je pense, qui est assez caractéristique des sentiments qu'on nourrit à notre endroit, à nous tous, en général.

La France avait, quand Mouley Abd el Aziz succéda à son père, l'avantage d'une situation privilégiée : elle avait auprès du Sultan sa mission militaire.

Cette mission avait été constituée, il y a vingt-cinq ans, à la demande de Mouley Hassan lui-même. Attachée, selon les termes mêmes de la convention alors intervenue, « à l'étrier du Sultan », le suivant dans tous ses déplacements, participant à ses expéditions, elle devait prendre très vite au Maroc un ascendant considérable. Cédant à des inspirations probablement parties de haut, elle n'a jamais joué le rôle qu'elle eût pu jouer.

Certes, j'ai la plus sincère estime pour les officiers qui la composent et j'ai de l'amitié pour quelques-uns de ceux qui s'y sont succédé, mais j'ai souffert souvent de la situation qui leur était faite — un peu sans doute par la faute des instructions étroites qui leur étaient données, un peu aussi par leur faute.

Je les ai vus formalistes, à cheval sur la question d'étiquette, administratifs, en un mot.

Pas un d'entre eux, quand il avait besoin de voir l'un des ministres, n'hésitait un moment à demander, dans les formes protocolaires et hiérarchiquement, une audience. Le chef de la mission faisait de même, dépêchait un sous-officier au Palais pour savoir à quelle heure et quel jour on pouvait le recevoir. Cela, évidemment, fait honneur à leur tact diplomatique, à leur réserve. Quant aux résultats!... Le vizir lui-même était effaré de tant de précautions, prenait du temps pour réfléchir à une chose qu'on lui présentait si gravement.

Cependant, le caïd Mac Lean arrive au Dar el Makhzen, se dirige vers la *beneka* du ministre, qui quitte tout pour s'entretenir avec lui, et au bout de cinq minutes de conversation amicale, repart avec la satisfaction, la réponse qu'il était venu demander. Et je vis, un matin, le major Oguilvy, le second du Caïd, se présenter botté, éperonné, raide et hautain dans son uniforme kaki, chez le ministre de la guerre. Vingt Marocains, gros personnages, étaient là avant lui, attendant. A la porte de la *beneka*, le factionnaire fit mine de vouloir l'arrêter :

— On ne passe pas!

— Je passe partout ici, répondit le major.

Et il entra le premier, fut reçu aimablement, et quand il ressortit, fut respectueusement salué par le soldat. Probablement jamais une autre sentinelle n'a croisé l'arme devant lui. Je ne commente pas. Je constate, toujours.

Si Mouley Hassan était déjà fort bien disposé pour la France, que dire d'Abd el Aziz?

Je ne suis pas grand diplomate, et la brigue n'est pas mon fort. On a vu, pourtant, comme rapidement je fus dans les bonnes grâces du Sultan, en un temps cependant où il commençait à se défier fortement de l'élément français.

L'une des premières choses qu'il m'avait demandées, dès qu'il fut convenu que mon séjour se prolongeait, ç'avait été de lui enseigner notre langue. Il ne pouvait me causer plus grand plaisir. Je m'improvisai professeur. Je lui montrai l'alphabet, puis les chiffres. Il en arriva vite à connaître des mots, à retenir des phrases. C'était un élève excellent, et doué d'une mémoire rare. Nous n'eûmes jamais de difficultés qu'au sujet du chiffre trois. Comme il avait demandé, un jour, à son artificier dans combien de temps serait prête une pièce qu'il montait, l'autre lui avait répondu, comptant sur ses doigts, puis lui en montrant trois : « Dans trois jours. » Le troisième jour, en effet, le feu d'artifice avait brillamment réussi. Et ce « trois jours » était si bien demeuré dans le souvenir d'Abd el Aziz, que, lorsque nous en arrivâmes à apprendre à compter, que je lui montrai d'abord un doigt, puis deux, puis trois, il énuméra aisément les deux premiers chiffres, « un, deux », mais s'entêta obstinément à appeler le troisième « trois jours ». Ce fut le diable pour en sortir.

Nos leçons, interrompues au départ de Marrakech furent reprises plus tard, à Fez, pendant trois mois. Mais d'autres préoccupations absorbèrent bientôt Abd el Aziz.

Ses sympathies allaient, en bloc, à tous les Européens, à leur civilisation, à leurs mœurs. Le lui a-t-on assez reproché, grands dieux ! dans son pays, et même dans quelques autres! Au point qu'on parvint à le refroidir.

Par surcroît, les représentants de la France, civils et militaires de concert, semblèrent s'ingénier, positivement, à achever de persuader au jeune Sultan que les vieux Marocains et leurs alliés avaient raison et lui grand tort.

La France entretenait depuis longtemps près de Sa Majesté Chérifienne un représentant officieux, placé sur un terrain mixte entre sa mission militaire et sa légation. Du jour où elle s'arrogea le rôle de nourrice sèche et prit en mains les lisières de l'enfant Abd el Aziz, ce fut ce diplomate *in partibus* qu'elle chargea des réprimandes.

Il était arrivé à la cour chérifienne en même temps que la mission militaire. Il avait connu l'ancien Sultan, invisible, redoutable, l'empereur selon l'ancienne formule. Les façons nouvelles l'effrayèrent. Il fut le porte-parole des « vrais croyants », s'improvisa le gardien des pures traditions, gronda, sermonna, morigéna. Il réprouva ces jeux dont la cour des Amusements était le théâtre. Il rappela que le Coran interdit les distractions futiles. Et quand il devait venir au Palais, lui ou l'un ou l'autre des membres de la mission, nous cachions vite les bicyclettes, comme des écoliers qui craignent d'être pris en faute.

Il ne crut pas non plus à l'étoile de Si Mehedi el Menebhy, et ce dut être son opinion qui entraîna celle de la légation. Il ne doutait pas que, sous l'influence des chefs religieux, ou de quelque noble, jaloux de sa rapide fortune, on n'en arrivât à emprisonner le favori, sinon à l'assassiner.

Il est aisé d'imaginer l'effet de ces tracasseries sans fin sur l'esprit d'un jeune prince devant qui tout, autour de lui, tremblait au moindre mot, dont chaque désir était un ordre, et qui ne trouvait de résistance que du côté de la France au front sévère, son croquemitaine !

Recevoir la mission française était pour Abd el

Aziz une corvée à laquelle il ne se résignait qu'au dernier moment et quand ses ministres l'y contraignaient. Aucun de nos officiers ne fut jamais admis dans son intimité, encore que certains d'entre eux eussent gagné sa sympathie. Mais il voyait toujours derrière eux le terrible Mentor, et derrière lui encore, le *bachadour*, la légation.

Lorsque, l'été dernier, le capitaine Fournié quitta Fez pour Tanger, il le reçut en audience de congé avec le chef de la mission, le commandant Larras. Ce fut bref et glacial. Mais trois jours plus tard, l'avant-veille du départ, il faisait mander, le soir, le capitaine au Palais, s'entretenait longuement avec lui, lui exprimait sa confiance, et même, en le quittant, lui donnait un vigoureux *shake-hand :* c'était la première fois que je le voyais serrer la main d'un Européen.

Un fait montrera à quel point le Sultan était en défiance, à l'endroit de la légation et de tout ce qui y touchait de près ou de loin. A un moment donné, j'avais à l'entretenir sérieusement, et,

sachant encore fort peu d'arabe, il me fallait avoir
recours à un interprète. Or, je ne me fiais guère
à ceux du Palais. Je demandai à Abd el Aziz la
permission d'en amener un du dehors. Je le lui
nommai. C'était précisément le « représentant
officieux ». Alors il sourit, et fit avec ses doigts
un geste de ciseaux, pour exprimer que « c'était
coupé » entre eux. « Il est l'homme du bachadour », ajouta-t-il. Et je dus faire un autre
choix.

Tout l'entourage du Sultan, bien entendu, partageait ses sentiments.

Un homme, toutefois, avait mis tout ce monde
en confiance. C'était M. Descos — j'espère ne
point le compromettre en le nommant, — premier secrétaire de la légation. Je mets à part le
D' Jaffary qui accomplit silencieusement d'excellente besogne. Très simple, affable, cordial,
M. Descos s'était créé, en deux ans, à Fez, à Tanger, un peu partout dans le monde officiel marocain, des relations qui allaient devenir de bonnes

amitiés. C'est alors qu'on l'expédia à Port-au-Prince.

Ajouterai-je, enfin, que comme nous étions, par l'Algérie, les seuls voisins d'Abd el Aziz, il ne pouvait avoir d'incidents de frontière qu'avec nous, et qu'il en eut copieusement, non certes de notre faute, mais pas toujours par la sienne non plus.

A ce jeu-là, il était tout naturel que l'influence de Mac Lean et de l'Angleterre grandît démesument.

Une lutte d'influence s'engagea avec acharnement entre les deux partis, et devait se poursuivre jusqu'à la signature de l'accord de 1904. Notre rivale fut à deux doigts de l'emporter définitivement et d'établir sur le Maroc son protectorat. Une ambassade était en route pour régler les derniers détails du traité. La veille seulement de son arrivée, le bon docteur Linarès, médecin major de la mission militaire, brave homme, ma foi, avec une belle figure ouverte, vrai type de vieux gouverneur militaire à l'usage d'un jeune prince, le docteur Linarès donc, porte-parole de la légation, arriva à Rabbat, où la mission britannique était attendue et signifia au Sultan que la France opposait son veto absolu à toute tentative de protectorat autre que le sien. On était, au Palais, tout à la joie d'accueillir des amis. La réception devint, du coup, embarrassée. Mais il était temps, et la légation avait fait là une démarche énergique et vraiment opportune. Il était, comme on dit : « moins cinq ! »

Eh bien, voici que cette France qu'il a pu raisonnablement considérer jusqu'à présent comme la collaboratrice, l'appui des oulémas, des docteurs de la loi, pour la sauvegarde des antiques usages, cette France ennemie de la bicyclette, de l'automobile, de tout ce que lui vendait l'Angleterre rivale, vient subitement demander à Abd el Aziz d'effectuer d'un coup un tas de réformes. On s'y perdrait à moins !

Et quelles réformes à abasourdir le Maroc entier !

Tout naturellement on allait réformer d'abord l'administration et mettre de l'ordre dans les finances. Certes, j'ai vu de trop près la dilapidation dont le Trésor chérifien est victime, les exactions dont souffre et se plaint le peuple pour contester l'utilité, la nécessité de cette tâche. Le tout est de trouver la manière de la conduire à bien. Si j'ai exactement compris — c'est là, en tout cas, ce que redoute le Sultan, — on rêve d'installer du coup une organisation à la française, avec des fonctionnaires français. On aurait des ministres appointés et responsables. Plus de malversations! l'honnêteté du haut en bas!

Évidemment, on imagine bien que la réforme n'enchanterait pas les vizirs. Du moins, on espère qu'elle nous vaudrait la popularité. Cela encore est une erreur. Même accablé d'impôts, même pressuré, le peuple ne s'indigne pas trop de ce qu'il voit ou de ce qu'il devine. L'intégrité n'est pas une vertu de là-bas. Et puis, quelle importance peut bien avoir l'opinion de la masse?

Quant aux gens d'un certain niveau, ils ne s'étonnent plus d'un état de choses qui remonte à des éternités. Ils trouveraient stupide un homme en place qui ne ferait pas comme les camarades.

Et enfin, l'expérience d'un impôt régulier fut tentée, on se le rappelle, sous les auspices de M. Harris. Elle fut faussée, c'est entendu. Mais a-t-on actuellement les moyens d'en assurer la parfaite loyauté?

L'esclavage est encore, à coup sûr, une question qui a préoccupé le gouvernement français. J'ai exposé sans ambages mon opinion et dit à quelles résistances il faudra s'attendre si l'on veut l'abolir d'un coup.

Quoi encore? On doit avoir aussi un programme de travaux publics. On aura parlé au Sultan de quelque ligne ferrée à établir. J'ai parfois, moi-même, fait entrevoir à des Marocains, au hasard des conversations, les avantages du chemin de fer : « Vous auriez, leur disais-je, en quelques jours, à Fez, les marchandises venues de Paris, et qui mettent maintenant quatre mois à vous arriver. » Ils répondaient : « Nous les commandons quatre mois à l'avance. » Et parfois ils ajoutaient :

— Où courez-vous si vite? A la mort. Nous aussi. Nous y allons plus lentement, voilà tout. Ce n'est d'ailleurs pas un moment si agréable. Nous ne sommes pas pressés.

Raisonnement de sauvages, bon, c'est entendu. Mais encore? Si tant est que les Marocains aient tort, que nous ayons cent fois raison, quels moyens avons-nous de leur faire partager notre manière de voir?

Le problème n'est pas de ceux qu'on résout à la façon d'un théorème, comme ça, avec des formules toutes faites,

Encore une fois, je n'apporte pas ici un plan de réformes. Ceux qui en élaboreront un feront bien de le choisir très élastique.

Rien ne nous est impossible, au Maroc, avec

LE Dr JAFFARY

médecin de la Mission militaire française
et médecin du Palais

le temps. Le tort a été de vouloir trop brusquer
après avoir trop tergiversé. On s'est attiré, en Europe, les ennuis que vous savez, entraînant le
refus net du Sultan d'accéder à nos volontés.

Nous avions passé notre temps à faire sentir, à Abd el Aziz qu'il n'était plus le maître.
Guillaume II a fait exactement le contraire. On
ne saurait contester qu'il se soit montré plus politique que nous. Le Sultan a été trop heureux de
trouver cet appui. Et sa gratitude pour l'Empereur
allemand sera longtemps vive. Il nous faut donc,
d'abord, régler la situation avec notre remuant
voisin; et c'est déjà, comme on dit, un rude
cheveu de plus!

La « pénétration armée » qu'on a opposée à la
« pénétration pacifique », la conquête, en un
mot, avait ses partisans, au Maroc comme en
France. Un vieux caïd qui, à son retour d'Oudjda,
vint me faire visite, au mois d'août dernier, me
certifiait, prêtant évidemment ses propres désirs
à ses frères, que *tous* les Marocains n'attendaient

18

plus qu'une chose, et l'attendaient avec impatience : l'arrivée des soldats français. Moi-même, je ne fus pas éloigné de partager cette manière de voir. Mais le Parlement français s'est prononcé contre toute intervention militaire. C'est donc une affaire réglée. N'en parlons plus.

Il faut donc se remettre désormais à de longs et patients travaux d'approche : nous montrer aux Marocains aussi nombreux que nous pourrons, gagner doucement leur confiance. C'était le conseil que me donnait le Sultan. C'était aussi l'opinion d'El Menebhy, quand je le vis à Tanger, en janvier. « Il n'y a, me disait-il textuellement, que les commerçants qui connaissent bien le Maroc et qui pourront y amener des réformes ».

Il est bien certain qu'un homme comme le docteur Jaffary, qui a remplacé près de la mission militaire le docteur Linarès, et qui est le seul officier qui, jusqu'ici, ait pénétré dans l'intimité d'Abd el Aziz, fait, en soignant chaque année, dans le Palais et dans la ville de Fez, des milliers do malades, plus de besogne utile que tous les négociateurs les plus solennels. Rien, d'ailleurs, n'empêchera la diplomatie de poursuivre son œuvre, plus adroitement, je l'espère; d'arriver à faire accepter, solliciter même ses conseils; d'appeler à son aide, au besoin, quelque financier de sens droit, habile, qui, sans situation officielle près du Makhzen, le guidera dans les circonstances embarrassantes, le persuadera de la nécessité d'une bonne et honnête gestion des ressources de l'État, dans l'intérêt même du pays, et dressera à la comptabilité correcte les scribes du ministre des finances.

Une chose excellente, je crois, pour nous, et un moyen de hâter le dénouement que nous souhaitons, serait que le Sultan et le Makhzen s'en retournent habiter Marrakech ou Rabbat. Loin de ce centre fanatique qu'est Fez, on aurait plus d'influence sur les ministres, notre action n'étant plus contrebalancée par celle des chefs religieux.

En mettant alors les choses au pis, et à supposer que Fez se révolte contre le Sultan en apprenant qu'il entre dans la voie des réformes, cela ne se produira pas en un jour. Nous aurons pu déjà commencer notre œuvre, et avec une armée mieux organisée, une situation financière qui sera en train de se mieux équilibrer, il sera alors bien facile au Sultan de reprendre sa capitale et d'y imposer sa loi. Quelques artilleurs algériens, d'ailleurs, pourraient utilement l'y aider — sans enfreindre les volontés de notre Parlement.

Enfin, il serait meilleur encore que le Makhzen fût un peu renouvelé. Composé de ministres affaiblis, trop vieux, il est mal à même de seconder un souverain déjà peu énergique. Il y faudrait infuser un sang nouveau. Peut-être touchons-nous à l'événement, car on dit le crédit des Tazi — le ministre des finances et le favori — ébranlé fortement. Leur chute serait le signal du retour d'El Menebhy.

Je m'en réjouirais, pour ma part, de tout cœur.

J'ai dit quel homme énergique est Si Mehedi, et en quelle estime je tiens son caractère. Il est de ceux qui savent, au besoin, imposer leur volonté.

On connaît, d'autre part, ses dispositions à l'égard de la France qui l'a méconnu et à laquelle il ne garde pourtant pas rancune. Ce serait, entre des mains expertes, un admirable et puissant instrument, non de pénétration, mais, au bout de peu de temps, de « domination pacifique ».

Mais voudra-t-on, saura-t-on utiliser cette force qui ne demande qu'à servir?

Bonne chance, toujours!

Juin 1905.

TABLE DES MATIÈRES

Paris, Imprimerie E. KAPP, 83, rue du Bac.